설경 김영월 제 13집

그래도 괜찮은 삶

그래도 괜찮은 삶

2023년 11월 30일 제 1판 인쇄 발행

지 은 이 ㅣ 김영월
펴 낸 이 ㅣ 박종래
펴 낸 곳 ㅣ 도서출판 명성서림

등록번호 ㅣ 301-2014-013
주   소 ㅣ 04625 서울시 중구 필동로 6 (2, 3층)
대표전화 ㅣ 02)2277-2800
팩   스 ㅣ 02)2277-8945
이 메 일 ㅣ ms8944@chol.com

값 15,000원
ISBN 979-11-93543-14-6

※ 잘못 만들어진 책은 바꿔 드립니다.
　 이 책 내용의 일부 또는 전부를 재사용하려면
　 반드시 저작권자의 동의를 얻어야 합니다

설경 김영월 제 13집

그래도 괜찮은 삶

도서출판 명성서림

작가의 말

도봉산역 콘크리트 벽면에 담쟁이 초록 넝쿨이 눈에 띠었다. 마치 좌우 날개를 나란히 펴고 하늘을 날아오르듯 이파리들이 제자리를 잡았다. 균형미. 바로 그것처럼 영과 육이 조화를 이루며 살아야 한다는 메시지를 전하는 듯하다. 영과 육이 조화를 잃고 있는 황금만능주의 가치관에서 벗어나 성숙한 삶이 어느 때보다 필요한 세상이 되었다. 사랑도 우정도 가족 관계마저 가성비를 따지는 황폐한 사회는 이미 병들어 있는 게 아닐까.

발밑에 밟히는 낙엽처럼 사라질 유한한 존재이지만 내면의 소리에 다시 펜을 들고 글을 쓰는 일상이 계속된다. 오랜 세월 나의 글쓰기는 덧없음에 대한 유일한 저항이다. 글 쓰는 일은 아름다운 고통이라 여기며 고독 속에 나를 마주할 때 스스로 충만감을 느낀다. 아마 숨을 거둘 때까지 창작의 욕구를 버리지 못할 것 같다. 살아가는 이유, 내 자신에 대한 의미부여이기 때문이다.

여전히 미완성인 작품이지만 다시 용기를 내어 세상으로 내보내며 그래도 괜찮은 당신의 삶을 응원합니다.

2023년 겨울
도봉산 자락에서
설경

차례

1 아름다운 유언 시

아름다운 유언 시 | 10
살아낸다는 것 | 15
꽃피는 아몬드 나무 | 20
직업 선택과 삶 | 25
코로나 맛을 보다 | 30
워커 장군 전사비 | 35
저질러 버린다 | 39
만약에 | 44
인생과 만남 | 49
행복과 불행의 경계 | 54

2 나의 곰스크 가는 길

나의 곰스크 가는 길 | 60
삶의 빛과 그림자 〈에드워드 호퍼, 라울 뒤피〉 | 64
역사의 반딧불 | 68
암흑물질 | 74
삶의 무게 중심 | 79
피의 군주, 이방원 | 84
제주 신앙 순례 | 89
자유로운 삶 | 93
거짓 사회 | 98
세상이 왜 이래 클럽 | 103
시청역 | 106

3 네모 안에 갇힌 삶

112 | 스토킹 범죄
116 | 추억은 세월 따라 물들지라도
122 | 사람 속은 모른다
126 | 네모 안에 갇힌 삶
130 | 가족 여행
135 | 청와대 개방
140 | 한눈에 반한 사랑
146 | 무진 길 〈순천만 갈대밭, 순천 문학관〉
151 | 놀멍쉬멍
156 | 수원 화성
161 | 바다 위 만리장성 〈군산, 부안, 김제〉

4 웰다잉, 그리고 존엄사

168 | 웰다잉, 그리고 존엄사
172 | 마지막 잠적
177 | 우리를 구속하는 것들
182 | 한 달란트
187 | 내가 나를 믿을 수 있는 나이
191 | 다섯 글자, 따뜻한 말
196 | 자유인의 삶
201 | 우리 시대 최고의 지성
206 | 삶의 완성

1 아름다운 유언시

아름다운 유언 시

지구 온난화 현상인지 여름 장마만 있는 게 아니라 가을 장마란 말도 맞는 듯 하다. 이른 가을비가 부슬부슬 내리는 가운데 성북동에 자리한 길상사를 찾았다. 비 오는 날인데도 사람들의 발길이 고즈넉한 경내를 오간다. 절 입구에 쓰인 '맑고 향기롭게'라는 말이 가슴에 와닿는다. 숲길로 이루어진 정원에 꽃무릇이 비에 젖어 더욱 애잔한 여인의 얼굴처럼 드러난다. 백석 시인과 김자야(1916년-1999년, 본명 김영한)의 인연을 만나러 가는 분위기를 붉게 만발한 꽃들이 반겨주는 듯하다.

맨 먼저 발길 닿는 곳이 길상화 공덕비가 세워진 언덕길의 한구석이었다. 법정 스님의 무소유 사상에 감동하여 자신의 천억 원이 되는 재산(옛 대원각)을 모두 절터로 시주했다. 가정환경 탓으로 16세에 기생이 된 그녀는 우리의 전통 무용인 궁중무를 익혔다. 22세에 함흥에서 교편을 잡고 있던 26세의 백석 시인(1912년-?)을 회식 자리에서 만나 첫눈에 그들은 사랑에 빠졌다. 백석은 이름 대신 그녀의 아호를 자야子夜라고 지어 불렀다. 평안북도 정주가 고향인 그는 부모님의 강압적인 중매로 세 번씩이나 결혼식을 올렸으나 첫날 밤을 보내지 않고 서울로 가 버린 자야 곁으로 돌아왔다. 이러한 그의 태도가 바람둥이 인상을 주는 듯하고 부모님의 심정을 아프게 하지 않았나 싶다. 사랑의 도피행각일 수도 있는 백석 시인의 만주행 권유에도 자야는 고민 끝에 중국 상해로 몰래 떠나 연락을 끊었다. 그녀의 솔직한 마음은 백석 시인의 앞날에 자신이 걸림돌이 되고 싶지 않다고 했다. 어쩌면 기생이라는 편견이 두 사람의 결합을 어렵게 만든 사회 현실이 작용했다. 감정에 휩쓸려 판단을 그릇 칠 수밖에 없는 나이에도 자야는 중심을 잃지 않고 자신의 길을 찾고자 했다.

20대의 뜨거운 사랑의 추억을 담은 '내 사랑 백석'이라는 자전 수필을 펴낸 자야는 어느새 팔순에 이르렀다. 인생의 아름다운 마무리에 도움을 준 분은 이동순 시인으로 '백석시 전집'을 편찬한 분이다. 그녀는 가슴에 묻어둔 그리움을 풀어 글 쓰는 동안 만이라도 임을 만나 이야기하고 그의 순수하고 불같은 순정에 대한 보답을 하고 싶었다. 이동순 시인의 고백에 따르면 자야는 구식 문체에 세로쓰기, 한글 부호도 없고 띄어쓰기나 문장의 단락도 없는 글을 책으로 출간하느라 힘들었다고 한다. 그러한 숨은 노력의 결과로 두 사람의 지순한 사랑 이야기가 빛을 보게 됐으니 얼마나 다행이랴. 팔순 노인이 된 자야가 자신을 스스로 노소녀老少女라고 이 시인에게 원고 보낼 때마다 편지 말미에 적었다고 한다. 백석 시인을 죽을 때까지 오직 소녀로 남아 사랑하고 싶은 간절한 마음이 읽힌다. 천억 재산을 몽땅 절에 시주할 때 아깝지않느냐는 기자의 질문에 자야가 그것은 백석이 남긴 '시 한 줄에도 못 미친다'라고 답변했다. 자야가 백석과 이별할 때 주고간 그의 시,'나와 나타샤와 흰 당나귀'를 얼마나 사랑했는지 길상사 묘비명에 전문이 새겨져 있다. 그녀의 자서전 속에 담긴 이 부분의 고백이 가슴을 찡하게 한다.

천독만독千讀萬讀의 독경讀經보다 당신의 순정이 그대로 서려 있는 정열의 시 한 수! 이것이야말로 나 혼자 쓸쓸히 돌아가야할 명도冥途에 진실로 크나큰 선물이 아닌가 합니다. 저에겐 더 바랄 아무런 것이 없습니다. 흰 당나귀 타고 당신 곁으로 떠나가는 자야! 오직 흐뭇하기만 합니다. 영광스럽기만 합니다.

가난한 내가 아름다운 나타샤를 사랑해서/오늘 밤은 푹푹 눈이 나린다
나타샤를 사랑은 하고 눈은 푹푹 나리고/ 나는 혼자 쓸쓸히 앉아 소주를 마신다
소주를 마시며 생각한다 / 나타샤와 나는 눈이 푹푹 쌓이는 밤 흰 당나귀 타고
산골로 가자 출출이 우는 깊은 산골로 가 마가리에 살자
(중략)
눈은 푹푹 나리고 / 아름다운 나타샤는 나를 사랑하고 /어데서 흰 당나귀도
오늘 밤이 좋아서 응앙응앙 울 것이다.

- 1937년 겨울

로마의 휴일이란 영화로 금방 떠오르는 오드리햅번(1929년-1993년, 벨기에)은 맑고 청순한 이미지로 누구나 좋아하는 여배우일 것이다. 로마 여행 때 단골 코스처럼 트레비 분수대가 있는 돌계단에서 젤라또라는 아이스크림을 먹는 그녀를 연상한다, 실제로 그곳에 가 보니 어찌나 사람들도 많고 좁은 골목길에 있는 아이스크림 가게에 줄을 지어 기다릴 뿐 영화 속 분위기는 느껴지질 않았다. 어쨌거나 앤 공주가 삼엄한 감시망을 떠나 일탈하여 그레고리 펙(기자 역)과 하루만의 멋진 데이트를 하는 장면은 얼마나 행복해 보였는지 모른다. 타인의 시선을 의식하지 않고 자유롭게 지낸다는 것이 참으로 어떤 명예나 신분보다 소중하다는 걸 보여 준다.

아무 근심걱정 없고 공주 같은 이미지를 지닌 오드리 햅번의 어린 시절은 의외로 불우했다. 영국인 아버지와 네델란드인 어머니 사이에 태어난 그녀는 부모의 이혼으로 어머니와 함께 네델란드에서 비참한 생활을 이어간다. 2차 세계대전을 일으킨 나치 독일의 히틀러는 중립국인 네델란드를 침공하고 국민의 삶을 짓밟는다. 이 당시에 '안네의 일기'로 유명한 안네 프랑크가 가족과 함께 다락방에 숨어 지내다가 결국 발각돼 유대인 수용소로 끌려갔다. 안네와 같은 또래인 오드리 햅번도 굶주림에 시달리며 독성이 있는 튜울립 뿌리를 먹기까지 이르렀다. 이토록 처참한 경험을 겪은 그녀는 영화에 출연할 때의 기준이 전쟁과 폭력을 다룬 내용은 절대 거부했다고 한다.

그녀의 첫사랑은 같은 배우로 활동한 미국의 유부남으로 연상이었다. 얼마 아니 가 둘은 이혼하였고 두 번째 결혼 상대는 9살 연하의 정신과 의사였지만 역시 실패로 끝났다. 배우 생활에서 은퇴 후 그녀는 인생 2막을 유니세프 홍보대사로 일하며 인권운동과 자선 사업에 열중했다. 자신의 어려웠던 어린 시절을 생각하며 이디오피아의 뼈만 앙상한 어린애를 가슴에 안고 찍은 사진은 지구촌 인류에게 사랑의 메시지를 찡하게 전해 주었다. 아직 더 왕성하게 활동할 63세로 그녀는 암에 걸려 세상을 떠난다. 스위스에 살고 있던 두 아들의 품에서 숨을 거두며 유서처럼 남긴 그녀의 시는 성경의 잠언서처럼 최고의 감동으로 다가온다.

아름다운 입술을 갖고 싶다면 친절한 말을 하거라/ 사랑스런 눈을 갖고 싶다면 사람들의 장점을 보거라/ 날씬한 몸매를 갖고 싶다면 하루에 한 번, 어린 아이가 너의 머리를 쓰다듬을 수 있게 하라/ 네가 더 나이가 들면 손이 두 개라는 것을 발견하게 될 것이다. 한 손은 너 자신을 돕는 손이고 다른 한 손은 다른 사람을 돕는 손이다/ 여성의 아름다움은 외모가 아니라 영혼에 내재 되어 있는 아름다움, 사랑으로 베푸는 보살핌과 열정에 있다.

그녀는 성실히 살아 온 자신의 생애를 통하여 축적한 삶의 지혜를 한 편의 시에 오롯이 담았다. 김자야와 오드리 햅번. 두 분은 베풀고 사랑하는 삶이 얼마나 소중한가를 몸소 보여 주었다. 그들의 아름다운 삶이 날로 메말라 가는 이 세상에서 큰 울림으로 다가온다.

살아낸다는 것

해마다 가을은 오고 낙엽지는 숲을 거닐면 유한한 것들의 덧없는 몸부림을 만난다. 신록으로 태어나 무성한 초록의 계절을 지나 울긋불긋 단풍으로 치장하고 어미 나무를 떠나야 한다. 나뭇잎은 자신의 소명을 다 마치고 홀가분하게 떠나는 것이리라. 발밑에 깔리는 이파리들 중에 어떤 것은 상처하나 입지 않고 고운 때깔이다. 다른 어떤 것은 벌레에 먹혀 구멍이 숭숭 나고 온통 상처투성이다. 얼마나 힘든 시간을 보내면서 끝까지 살아낸 이파리의 생애가 귀하게 여겨진다. 사람들도 제각기 태어나 죽을 때까지 어떤 모습으로 살아내고 떠나야 할지 각자의 몫일 뿐이다.

우리나라가 이미 고령화 시대에 접어들었고 젊은이들은 결혼을 기피하고 출산율은 세계 최하위로 떨어진 현실에 전문가들이 우려를 전한다. 그래도 노인 세대가 될 때까지 살아 온 사람들은 존경받아야 마땅할 것 같다. 산전수전 다 겪고 여러 위험한 고비를 넘기고 마침내 인생의 고봉에 오른 그들이 아니랴. 그런데도 폐지를 가득 싣고 리어카를 끌고 차도를 힘겹게 걸어가는 할아버지의 모습은 연민을 자아낸다. 최근의 신문 보도에 따르면 이혼이나 사별로 독거노인들이 늘어나고 고독사나 질병, 극단적 선택도 많아진다고 한다. 무엇보다 노후대책 없이 빈곤층에 머무는 그들의 삶이 안타깝다. 산책길에서 노부부가 정답게 손을 잡고 걸어가는 모습이 가장 바람직하지만 그렇지 못한 노후의 삶도 그들만의 책임이 아닐 것이다.

아까운 나이에 인생 여정을 계속하지 못하고 도중하차하는 뉴스가 수시로 전해 온다. 20대 사망원인 중에 극단선택이 57%나 된다고 하니 가슴 아픈 일이 아닐 수 없다. 그들은 사회진출이 실패하거나 가난으로 생활고를 겪는 경우가 많고 우울증에도 원인이 된다고 한다. 청년 자살이 단지 개인적인 문제가 아니고 사회적 문제로 봐야 한다는 전문가의 견해도 있다. 영국에선 세계 최초로 2018년에 자살 담당 장관을 임명했다고 한다. 무엇보다 성범죄 유혹을 견디지 못하고 스토킹이나 성 착취에 빠져 어리석은 삶에 이르러 인생을 감옥에서 헛되이 낭비하는 경우를 본다. 우리나라도 마약 청정지역이 아니고 이젠 골치 아픈 다른 선진국처럼 청년들에게 스며들어 필로폰 흡입이 늘어난다고 한다. 유명한 연예인들이 어느 날 마약에 손을 대고 대중 앞에 고개를 숙이는 사례가 속출한다.

'세상에 이런 일'이라는 티비 프로에 한 중년 남자가 바깥출입을 전혀 안 하고 방안에서만 지낸다고 한다. 그는 한쪽 다리의 무릎 쪽이 고무풍선처럼 부풀어 올라 걷기가 사실상 불가능하니 어쩔 수 없는 형편이었다. 의사의 진단을 받아보니 육종암으로 판명되었고 다른 신체 부위로 전이되기 전에 다리를 절단해야 한다고 했다. 그는 고아로 자라나 시설에 맡겨진 채 성인되어 사회로 나온 후 온갖 궂은 일을 다 하며 성실하게 살아왔다. 건설 공사장에서 막노동일을 하고 있던중 콩알만한 혹이 다리에 보이더니 1년 후에 갑자기 손을 쓰지 못할 정도로 크게 자랐다. 그는 자신의 불우한 처지에도 밝은 표정이었고 혼자 투병생활 중 사회복지사의 도움으로 마침내 병원 수술을 하게 됐다. 잡초처럼 질긴 생명력으로 살아낸 그의 삶이 대단하지 않을 수 없었다.

　바다를 상대로 살아가는 어부들의 삶도 언제나 조마조마하다. 최근에도 제주도 앞바다에서 갈치잡이를 하던 어선 한 척이 풍랑에 뒤집혀 외국인 선원 2명을 포함한 5명이 실종된 채 수색 작업 중이라는 소식이다. 잘 살아보려고 동남아국가에서 얼마나 많은 젊은이들이 우리나라에 건너와 어려운 직종에서 일손을 돕고 있는지 모른다. 공장에서 건설 현장에서 사고로 목숨을 잃는 외국인 근로자들의 모습을 보면 안타깝다. 북한에서 자유를 찾아 탈출한 여성 한 명이 한국 사회에 정착하지 못하고 자신의 임대 아파트에서 시체로 발견되었다는 소식도 가슴을 아프게 한다. 이웃에 사는 누구도 무관심으로 살아가는 도시 생활인 만큼 강제로 방문을 여니 죽은 지 무려 1년이 지난 채 백골인 상태로 발견됐다.

　거의 매일 같이 일어나는 교통사고는 어떠한가. 아파트 창문을 열고 도로를 바라보면 꼬리를 물고 달리는 차량들이 바쁜 도시의 삶을 느끼게 한다. 그들이 아무 탈 없이 목적지를 다녀오고 안전 운행할 수 있도록 기도를 하게 된다. 나도 이제 70대에 이르렀으니 그만 운전대를 놓고 차와 이별하고 싶다. 지금까지 위험한 차량운행을 무사히 마치고 목숨을 지켜낸 게 어디인가. 휠체어를 타고 이동하는 장애인 중에 교통사고로 인해 그리된 사람도 많다. 산책하다 보면 단체로 운동 나온 발달 장애인들을 자주 마추치게 된다. 그들 중에는 괴성도 지르고 땅바닥에 주저앉아 떼를 쓰는 친구도 있다. 몸은 건장하고 성인이지만 정신연령이 낮은 어린애 같은 행동이 보호자 없이는 통제가 안 된다. 그들도 타고난 삶의 무게를 지고 한세상을 조심조심 건너가야 한다. 유모차를 끌고 산책하는 젊은 아줌마는 아기가 귀여워 어쩔 줄 모른다. 그러나 아이가 건강하게 잘 자라서 어른이 되고 생을 마감할 때까지 잘 살아내리란 보장은 어디에도 없다.

우리나라에선 종교적 이유로 힘든 삶을 살아가지 않는 것만도 얼마나 감사한 일인지 모른다. 이란에서 벌어지고 있는 이슬람 사회의 여성들은 머리에 히잡을 쓰지 않거나 머리카락이 조금 보인다는 구실로 경찰서에 붙잡혀 가고 폭행을 당해 억울한 죽임을 당하기도 한다. 자유민주주의 체제 안에서 삶을 이어가는 국민들은 행복하다. 지구촌엔 아직도 독재 정치와 종교의 율법이 인권을 유린하고 국민에게 행복한 삶을 누리지 못하게 한다.

이 세상은 마치 소풍 나온 것이라는 천상병 시인의 귀천이란 시처럼 인생 나그네길은 결코 녹록치 않다. 잘 살고 잘 죽는 일이 무엇일까를 곰곰이 생각하게 하는 만추의 계절이 깊어 간다. 오늘도 어김없이 해는 동쪽 하늘에 솟아올라 임무를 마치고 서녘하늘에 노을을 남기며 사라진다. 어떤 사람이 위급한 상황을 맞이했는지 119 차량이 불빛을 번쩍이고 사이렌 소리를 울리며 질주한다. 오늘 하루가 나의 마지막 날이 된다 해도 이만큼 잘 살아낸 것만으로 감사한 마음일 뿐이다.

꽃피는 아몬드 나무

　일회적인 인생을 치열하게 살다가 짧고 굵게 떠나간 사람들을 보면 고개가 숙여진다. 한 해가 손을 흔드는 끝자락에서 바람에 뒹구는 낙엽들도 얼마나 많은 이파리들이 폭풍우에 견디지 못하고 도중하차했는지 모른다. 중요한 건 수명의 길고 짧음보다 자신이 원하는 삶의 가치를 얼마만큼 실현했느냐의 여부인 듯하다.

　빈센트 반 고흐(1853년-1890년)의 생애를 들여다보면 37년 동안 살아가며 참으로 견디기 힘든 고통과 방황의 세월이었다. 조부와 부친이 목회자이었고 삼촌들이 화상을 경영하는 가운데 괜찮은 집안의 5남매 중 장남이었다. 죽은 형의 이름을 물려받게 된 고흐는 사는 동안 자신의 정체성을 고민하게 된다. 내 인생이 아닌 형의 인생을 살아야 하는 것 같은 불만일 수도 있지만 부모의 마음은 죽은 형을 잊기 위한 사랑의 표현이 아니었는지 모른다. 부친의 바람대로 목회자의 길을 끝까지 갔더라면 행복할 수도 있었으리라. 그는 전도사가 되어 광산촌에서 목회 일을 했지만 적응하지 못했다. 부친과 말다툼을 하고 불화하면서도 그는 가족으로부터 사랑받고 인정받기를 원했다. 삼촌이 경영하는 아트 딜러(화상) 점원으로 일하면서도 화가의 그림이 그 자체로 인정받기보다 상업성에 치중하는 걸 보며 분노의 감정을 억누르지 못해 뛰쳐나왔다. 동생 테오가 그런 형을 붙잡아 미술 학원도 다니게 하고 화가의 길을 가도록 이끌었다. 열 번씩이나 직업을 전전하면서 마침내 27세에 이르러 동생의 뜻대로 오직 화가의 길로 매진했다. 밀레를 존경하여 농민 화가를 꿈꾸며 '감자 먹는 사람들'이라는 어두운 색조의 그림을 그리고 테오에게 농민들의 정직한 삶에 대한 편지를 썼다. 형이 그림에만 열중할 수 있도록 재정적 지원을 감당했던 테오에 대한 고마움으로 자신의 창작활동을 알리는 수 백통의 편지는 마치 매일 매일 일기를 쓰는 것처럼 이어졌다. 세상천지에 의지할 수 있는 유일한 혈육인 테오가 그의 형에 대한 천재적 재능을 신뢰하는 마음은 참으로 대단하지 않을 수 없다.

나의 거실 벽에 걸린 고흐의 모사품인 '별이 빛나는 밤'을 다시 한번 감상한다. 고흐가 프랑스 남부지방인 아를에서 활동할 때 농촌 풍경 중 싸이프러스 나무 (일종의 삼나무)를 무척 좋아했다고 한다. 밤하늘의 별들도 그러하지만 싸이프러스 나무도 꿈틀꿈틀하여 살아 움직이는 것 같은 신비한 느낌을 준다. 어쩌면 마을에 세워진 교회의 첨탑을 닮았다고나 할까. 비록 그가 목회자의 길을 버리고 예술의 길로 들어섰지만 하나님에 대한 신앙심은 밑바탕에 자리하고 있었다. 나의 견해지만 이 작품은 예수님이 인간을 죄에서 구원하시고 죽음에서 생명으로 부활하는 기적의 상징이 아닌가 싶다. 그는 목사의 꿈을 버렸지만 자신의 신앙을 그림을 통해 드러내고자 했을 것이다.

싸이프러스 나무는 시골 풍경의 전형입니다. 해바라기에 필적할 만한 힘을 가지고 있으면서도 그와는 전혀 반대되는 이미지로 나에게 영감을 주는 소재입니다.

- 테오에게 보낸 편지

아를에서 생활하게 된 고흐는 이곳에서 화가들의 공동체를 만들고 자신의 꿈을 이루고자 했다. 화실을 온통 노란 해바라기꽃으로 단장하고 첫 번째 화가인 폴 고갱을 맞을 준비로 기대에 부풀었다. 테오가 화랑에서 거래 중이던 고갱에게 형과 함께 지낼 수 있도록 모든 경비를 대주고 합류할 것을 설득했다. 그러나 두 달 만에 두 사람의 관계는 예술적 관점이 다르다는 이유로 불화 끝에 고갱이 떠나 버린다. 결국 화가 공동체의 첫 사람이자 마지막 사람이 폴 고갱으로 끝나고 만 셈이다. 고흐는 충격을 받고 자신의 귀를 잘라 신문지에 싸서 홍등가의 매춘부에게 선물하는 기괴한 행동에 이른다. 그리고 스스로 생 레미 정신병원에 입원하여 몸 상태가 좋은 날은 계속하여 작품 활동을 할 수 있도록 의사에게 허락받는다. 병원이 마련해 준 작업실에서 그의 명작들이 탄생했고 한 해 150점의 작품을 그리고 죽기 전 5년 동안 850점의 유화와 도화지에 그린 1300점의 작품을 완성 시켰다. 거의 생명을 다 바쳐 불꽃 같은 열정으로 작품 창작에 몰두했다. 가끔 정신상태가 안 좋은 때에 유성 페인트를 먹는 바람에 병원의 경고를 받기도 했다.

　동생 테오가 결혼식을 알려 오고 일 년 뒤(1890년)에 조카가 태어났다. 하늘처럼 의지하고 있는 동생이 가정을 갖게 되니 재정적으로 어려워지지 않을까 봐 그의 마음은 약간 불안에 휩싸이게 되었는지 모른다. 이를 염려했는지 동생 부부는 조카의 이름을 형의 이름으로 빈센트 반 고흐로 지었다는 소식을 전해 준다. 고흐는 생의 마지막 작품이 된 '꽃 피는 아몬드 나무' 그림에 혼신의 힘을 기울였다. 우리나라의 매화꽃처럼 봄이 되면 맨 먼저 피어나는 아몬드꽃을 통하여 절망에서 희망으로 빠져 나오고자 하는 몸부림이었다. 하늘거리는듯한 새하얀 꽃송이의 아몬드꽃이 가지마다 활짝 피어 보는 이의 가슴을 환하게 밝혀 주는 듯하다. 고통에서 신음하고 있는 작가의 내면을 전혀 느끼게 할 수 없는 밝은 색조의 희망의 빛을 담고 있는 꽃. 아몬드꽃을 새로 태어난 조카에게 선물로 남긴 채 그는 세상을 떠난다. 눈처럼 희고 눈부신 아몬드꽃은 사람들에게 제대로 인정받지 못한 불행한 그의 삶이었지만 존재하는 것 자체만으로 소중한 의미를 부여한다는 메시지를 전해 주었다. 생전에 그 많은 작품들 가운데 단 하나, '붉은 포도밭'이란 작품 한 점만 화랑에서 팔려나갔다고 한다. 테오가 죽고 부인과 아들이 운영하게 된 화랑에서 고흐의 무수한 작품들은 사후에 인정을 받아 그들에게 막대한 부를 안겨 주었다.

　고흐의 '까마귀 나는 밀밭'(1890년 작)은 그 제목처럼 누렇게 익은 황금빛 밀밭에 까마귀 떼가 불길하게 맴돌고 있는 작품이다. 정신상태가 안 좋아진 고흐는 밀밭으로 걸어 들어가 스스로 가슴에 권총을 겨누어

방아쇠를 당겼다. 형이 위독하다는 소식을 듣고 파리에서 달려 온 테오는 병상을 지켰고 결국 그의 품안에서 형은 숨을 거두었다. 형이 죽고 6개월 뒤에 테오도 생을 마감했다. 아마 하늘나라에서 형제애를 영원히 계속하고 싶었을 것이다. 늦깎이 화가로 출발하여 27세부터 10년 동안 37세로 생을 마감하기까지 고흐는 자신의 존재를 증명하듯 아몬드 꽃송이로 부활했다. 고향 마을의 네넬란드 교회 앞에 동생 테오와 껴안고 나란히 서 있는 조각상은 형제애의 극치, 아름다운 모습을 형상화하여 어떤 명화보다도 가슴 뭉클하게 감동적으로 다가온다.

직업 선택과 삶

　가난했던 우리나라가 세계 10위권의 경제 대국으로 성장했다는 사실에 가슴 뿌듯하다. 일제로부터 해방된 지 올해로 77주년을 맞이하는 해에 불모의 땅에서 이만큼 성장한 우리의 저력이 정말 대단하지 않을 수 없다. 지금 전쟁으로 시달리는 우크라이나도 한국의 모델을 닮고 싶다고 했다. 자녀들에게 보릿고개 시절을 꺼내면 호랑이 담배 먹던 시절 얘기냐고 꼰대 소리를 듣기 십상이다. 그렇다 해도 당장 끼니를 못 잇는 가족들이 가끔 극단적 선택을 했다는 뉴스에 냉엄한 현실이 아직 우리 사회의 그늘을 말해 준다. 최근에 수원 지역의 세 모녀 극단적 선택이 일어난 빈소에서 어떤 조문객이 '다음 생엔 부잣집에 태어나기를 바란다'는 위로의 말을 남겼다고 한다.

　세 모녀가 복지혜택을 못 누린 이유는 해당 동사무소에 전입 신고를 안 한 탓으로 거주지 확인이 안 됐다. 가장이 공장을 운영하다가 부도가 나서 빚쟁이들을 피하여 숨어 지냈다고 한다. 주변에서 개인 사업을 하는 분들이 항상 위험 부담이 따르고 생계의 위협이 되는 걸 지켜보았다. 부모에게 물려받은 재산이 전혀 없는 상태에서 자수성가하는 일이란 누구나 고생길이 열려 있다. 노후를 살아갈 때 의식주 걱정 없이 지낼 수 있을 만큼 경제적 기반을 쌓는 일이란 말같이 쉽지 않다. 인생 7학년 길에 이른 고교 동창들 중에 가만히 살펴보면 월급쟁이로 직장을 마감한 친구들이 많다. 그들은 교사나 공무원, 군인, 경찰, 회사원, 은행원들이 주로 눈에 띤다. 한결같이 못 사는 시골 출신들이지만 모두 자수성가하여 연금을 받고 잘 지내는 편이다. 우리나라가 산업화 시대를 거치는 역경 속에서 직장생활을 충실히 한 덕분에 지긋지긋한 가난의 굴레를 벗어났다. 월급은 쥐꼬리만 했지만 매월 따박따박 나오는 생계비로 버티며 검소하게 살아냈다. 친구 중엔 월급쟁이 생활이 맞지 않아 안정된 직장을 박차고 나와 사업에 뛰어들었지만 나중에 실패를 맛보고 후회하는 경우도 있었다. 직장에 묶여 매일 정시에 출근하여 일하는 게 싫어 그만두고 프리랜서로 뛰다가 오히려 더 일찍 움직이는 생활에 고정 수입이 없으니 불안하다고 했다. 목구멍이 포도청이란 말에 공감하고 죽으나 사나 직장을 지킨 친구들은 거의 가난 탈출에 성공했다. 한탕주의를 좋아하던 친구는 주식이나 도박 게임에 빠져 낭패를 당했고 미련한 곰처럼 오로지 은행 저축을 선호했던 친구들은 안정된 가계를 꾸릴 수 있었다.

　인문계 고교를 졸업하고 가난한 집안 형편에 부응하는 길은 직장을 구하는 게 급선무이었다. 국가 및 지방 공무원 공채 시험에 응시하여 말단 5급(현재 9급)에 모두 합격하여 월급쟁이 생활로 들어섰다. 먼저 지방직 공무원으로 첫 발령을 받은 곳이 벽지 낙도의 면사무소이었다. 당시에 주민등록법이 시행되어 무척 바쁘게 일했다. 호적등본을 떼어 주기도 하고 면서기 업무를 경험하던 중 다시 국가직 공무원으로 서울대학교 행정직으로 발령을 받았다. 이때부터 나의 서울 생활이 시작되었다. 시골에서 상경할 때 양복 한 벌도 못 맞춰 입고 낡은 여행 가방 하나 달랑 들고 서울 강북 변두리에서 삶의 둥지를 틀었다. 교수들의 강의 시간표도 작성하고 해외여행 서류도 꾸미면서 월급쟁이 생활을 익혀 갔다. 자취방 하나 얻을 돈이 없으니 직장인 대학교 숙직실에서 직원들의 숙직 당번을 대신해 주고 잠자리를 해결했다. 아침 식사는 주로 라면으로 때우고 점심과 저녁도 식당에서 사서 먹고 지냈지만 그만한 여유라도 생겨 배고픔에서 벗어나니 행복했다. 병역의무를 마치고 돌아와도 직장이 보장되어 바로 복직이 되니 얼마나 안심이 되고 감사한지 몰랐다. 대학 행정 일을 담당하다가 다시 서울대학 병원으로 발령을 받아 입원과 퇴원 업무를 담당하며 환자의 고통이 어떠한가를 실감했다. 퇴근 무렵에 옷에 묻은 소독약 냄새와 환자들의 신음 소리가 싫어 다시 한번 월급쟁이 생활의 전기를 마련했다. 주경야독으로 대학을 마치고 은행원 공채 시험에 응시하여 합격했지만 전혀 다른 직종을 맡게 되는 것에 두려움이 컸다. 숫자 개념이라곤 없는 내가 은행원 업무를 감당하기란 정말 고역이었다. 돈 세는 것도 서투르고 돈다발을 띠지로 묶는 일도 어설펐다. 영업점 은행원은 당일 입출금을 맞추고 마감해야 하기 때문에 현금과 장부 잔액이 틀리면 자기 돈으로 변상해야 했다. 월급에 출납수당이 있어 보상이된다곤 하지만 실제로 어림없이 부족했다. 어찌하든지 정신 바짝 차리고 계산이 틀리지 않도록 주의를 기울이지 않으면 월급이

몽땅 들어가거나 축나게 마련이다. 대학교에서 어떤 학과를 전공하느냐와 실제 취업 후 업무와 직접 연관성이 있는 게 드물다. 직장에서 버티고 살아남기 위해선 빨리 적응하도록 노력하는 수밖에 없다. 더구나 결혼하였다면 처자식을 부양해야 하는 의무와 책임감으로 이를 악물고 최선을 다할 뿐이다.

가장 어렵고 힘든 행원 시절을 거쳐 간부급인 대리로 승진하니 비로소 한숨 돌렸고 월급이나 업무도 약간 여유가 생겼다. 직장동료 중엔 업무에 충실하지 못하고 주식이나 도박 게임에 빠져 도중하차하는 경우가 더러 벌어졌다. 고객들의 돈을 횡령하거나 받아선 안 될 대출 커미션을 받아 경찰 조사를 받고 구속되는 일도 일어났다. 나는 그러한 불행한 경우를 당하지 않기 위해 업무 시작 전후에 하나님께 오늘도 무사히 근무를 마치게 해달라고 기도를 드렸다. 아무 사고 없이 정년 퇴임을 하는 것이 바로 인생의 성공이라고 다짐하며 직장 생활을 스스로 다잡곤 했다. 세상일은 자기 뜻대로 되지 않는 법이다. 우리나라에 난 데 없는 외환 위기가 닥쳐 은행이 통폐합되고 구조조정이란 칼바람이 몰아쳤다. 아직 한참 절정기에 이른 직장생활을 강제로 그만둘 수밖에 없는 상황에 이르러 결국 53세에 사직원을 제출했다.

고교를 졸업하고 시작된 월급쟁이 생활의 전 기간이 25년가량이고 자유인으로 직장을 벗어나 생활한 게 거의 20여 년이 흘렀다. 그동안 경제 활동은 하지 않고 내가 하고 싶었던 문인으로서 꿈을 이루고 현재까지 문단 생활을 이어 가지만 고정된 수입은 국민연금과 주택연금(모기지) 뿐이었다. 모자라는 돈은 약간의 은행 저축에서 보충했다. 무에서 유를 창조하듯 월급쟁이 생활로 그럭저럭 자수성가한 것에 만족한다. 남에게 꾸러 가지 않고 빚 없이 살면 그만이 아니랴. 다만 병원비 지출만 하지 않도록 건강만 할 수 있다면 더 바랄 게 없다. 욕심부리지 않고 성실하게 살아 온 월급쟁이 직장생활에 후회는 없다.

코로나 맛을 보다

날마다 뉴스의 중심이 되던 코로나 관련 통계 수치도 시들해진 느낌이다. 휴가철이 되고 코로나 방역 수칙이 느슨해 지니 요즘 다시 세계적으로 확산세로 돌아서고 재유행 조짐이 뚜렷해진 듯하다. 어쨌든 한번 코로나 맛을 봤으니 두 번째는 고갤 젓는다해도 어찌 알랴. 지난 2년 6개월 동안 떠들썩하던 코로나 팬데믹에서 사람들의 활동 범위도 거의 정상으로 돌아온 듯 활기가 넘친다. 여태까지 위험한 고비를 잘 넘겨왔다 싶었는데 결국 막판에 나도 녀석에게 붙들렸다. 아내가 먼저 옮겨 오더니 나도 감염을 피할 수 없었다. 초창기에 유행하던 센 놈이 아니고 오미크론 변이인지 약한 놈을 만나 그나마 다행으로 여겼다.

처음엔 몸살감기인가 하여 동네 병원을 찾아 약을 처방받고 복용 중이었다. 열도 많이 나지 않고 약간의 몸살 기만 있어 상비약으로 사다 놓은 타이레놀도 몇 알 복용했다. 이틀분씩만 지어 주는 약이 떨어져 다시 병원에 갔더니 코로나 음성이라고 하여 안심했다. 다시 이틀 후에 다른 병원으로 옮겨 검사를 해봐도 여전히 음성 반응이 나왔다. 세 번째 자주 가는 이비인후과에 가서 목구멍이 많이 아프다 했더니 그제서야 검체 채취를 콧구멍이 아닌 목 안으로 밀어 넣어 신속 항원 검사를 해보고 나니 코로나 양성으로 판정이 나왔다. 월요일에 코로나로 밝혀지고 관할 구청에서 7일 격리 의무 통지서가 즉시 문자로 전달되었다. 이제 꼼짝없이 방구석에 갇혀 지낼 일 생각하니 답답한 마음이 밀려온다. 만약 법을 어기면 1천만 원 이하의 벌금이나 1년 이하의 징역에 처한다고 했다. 아내는 일주일 동안 모범생답게 독방 생활을 잘도 견디 낸다. 나는 좀이 쑤셔 아파트 문을 살짝 열고 나가 멀리 외출은 못 하고 그냥 동네 산책로를 조금 걷고 얼른 들어오곤 했다. 만약에 작년처럼 코로나 환자와 접촉한 사실이 CCTV에 드러나기만 해도 일주일 격리를 당했던 때와 비교하면 확실히 느슨해진 것 같았다. 재택 치료 환자도 집중관리 대상과 일반 관리 대상으로 나뉘어 전자에 해당하면 담당구청 직원이 수시로 환자의 동태를 체크하기 때문에 꼼짝할 수 없다. 나는 다행히 일반 관리 대상에 포함되어 그나마 감사할 따름이었다. 식사 문제가 제일 귀찮은데 자녀들이나 주변 분들이 설렁탕이나 갈비탕을 택배로 주문 배달해 주어 많은 도움이 되었다. 아내는 증세가 나와는 다르게 목구멍의 통증이 별로 없고 근육통만 조금 있을 뿐 가래 기침이 나오는 정도였다. 아내는 어디서 정보를 얻었는지 민간요법으로 소금물을 냄비에 끓여 놓고 수증기를 코로 마시고 입으로 뱉어내는 자가 소독법을 개발했다. 나도 따라서 했더니 확실히 목이 조금 부드러워지고 편해지는 느낌이었다. 아픈 사람은 누가 몸에 좋다고 하면 밑져야 본전인 셈 치고 거절할 이유가 없겠다. 말기 암 환자들이 지푸라기라도 잡는 심정으로 온갖 약을 비싼 돈 들여 시험해 보는 것도 나무랄 일이 못 된다. 아픈 사람만이 아픈 사람의 심정을 이해할 수 있으니까. 오미크론의 특징은 바이러스가 목에 기생하여 공격하는 것인지 자고 나면 침도 삼키기 어려울 만큼 목 부위가 면도날로 째는 듯 쑤셔댄다.

위중증 환자로 병원에 입원한다고 해도 병고의 몫은 온전히 자기가 감당해야 한다. 얼마나 평소에 건강관리를 잘하고 면역성을 키워 내는가에 따라 회복의 속도가 결정되는 듯하다. 8년 전에 뜻밖의 심근경색으로 병원에 입원했을 때 생각이 난다. 심장 부분의 관상동맥이 혈전으로 막히는 증세에 스텐트 시술만 하면 간단히 치료되는 게 대부분이다. 다만 때를 놓치지 않고 가까운 병원으로 얼마나 빨리 달려가 응급조치를 받느냐가 관건이다. 다른 환자와 달리 나는 중환자실에 머물러 이상 증세 때문에 집중치료를 받아야 했다. 가래에 피가 섞여 나와 어떤 원인인지 밝혀야 하는 데 담당 의사는 판단을 못 내리고 있었다. 심장이나 폐 쪽에서 피가 새 나오는 것 같은데 어느 쪽인지 정확히 알 수 없다는 소견이다. 이런 증세는 처음 대하는 환자이기 때문에 실험 대상으로 연구해야 할 것 같다고 가족들과 상의해 보란다. 결국 아들의 반대로 실험 대상을 면하고 시간이 흘러 다행히 피의 양이 차츰 줄어들고 자연 치유가 된 셈이다. 이대로 의사의 판단만 믿고 지내면 오히려 증세가 악화하여 죽을 수도 있겠구나 하는 생각이 퍼뜩 들어 무조건 괜찮으니 퇴원만 시켜줄 것을 요청했다. 병원이란 곳은 입원은 자유롭지만 퇴원할 땐 의사의 허락이 절대적이다. 나는 의식적으로 회진 때마다 의사에게 병세가 호전되고 있다는 확신을 심어 주기 위해 노력한 탓으로 겨우 퇴원 허가를 받아냈다. 그 이후 현재까지 별문제 없이 정기검진을 받으며 건강을 유지하고 있으니 그때 판단이 옳았던 것으로 여긴다.

감염병에 가장 취약한 생명체가 가축이나 동물이 아닌 인간이라고 한다. 코로나가 주춤하더니 이젠 이름도 고약한 원숭이 두창이 유행할 가능성이 있으니 백신을 맞아야 할 것 같다고 당국에서 논의 중인 모양이다. 이번 코로나 사태로 지구촌의 많은 목숨이 희생되었고 우리나라만 해도 그동안 누적 사망자 수가 2만 명을 훌쩍 넘었다. 병석에 누워 있으면 걸려 오는 전화 한 통화가 따뜻한 위로로 다가온다. 자녀들한테는 물론 친구들이나 교인들, 문우 중에 어쩌다 한 번 걸려 오는 전화가 반갑지 않을 수 없다. 내가 누구의 관심을 받고 있다는 사실이 확인되고 격리된 외로움에서 약간 벗어나는 느낌이랄까. 내가 기억 나는 문안 전화 중에 암으로 투병 중인 어느 원로 문인과 어렵게 통화했는데 그것이 그분과 마지막 통화가 되고 보니 얼마나 다행이었는지 몰랐다. 몇 년 전 고교 동창의 병문안을 가서 내가 드린 쾌유를 비는 기도가 마지막 임종의 순간이 되기도 했다. 병석에 있는 사람에 대한 관심 여부가 어쩌면 가장 인간적 감정에 근접하는 일임을 깨닫게 한다.

누구나 피할 수 없는 죽음 앞에서 어떻게 복 있는 마지막을 맞이할 것인지 한 번쯤 진지하게 생각하지 않으랴. 우리 부부는 몇 년 전에 단순한 생명 연장 조치를 거부하는 사전 연명 치료 거부 동의서를 당국에 등록했다. 이런 법이 시행되는 가운데 고통 없이 죽을 수 있는 안락사 제도가 다시 우리나라도 수면 위로 떠 오르고 있다. 의사의 약물 주사 한 방으로 이 세상과 결별할 수 있는 안락사가 인권 문제에도 불구하고 이미 몇몇 선진국에서 시행하고 있는 까닭은 그만큼 죽음에 대한 고통을 피하고 싶은 인간의 간절한 염원이 작용하였기 때문이 아닐까 싶다. 코로나의 터널을 무사히 빠져나오며 다시 한번 남은 삶의 소중함과 건강에 대한 고마운 마음을 가져본다.

워커 장군 전사비

강 건너 등불처럼 여겨지던 뉴스가 나올 때마다 참혹한 전쟁의 실상이 현장의 특파원을 통해 전해진다. 러시아와 우크라이나가 전쟁을 시작한지 벌써 100일째라고 해도 우리는 날짜 가는 것에 무심한 채 지난다. 우크라이나 군이 하루에 100명씩 전사자가 발생하고 러시아군의 무차별 공격에 민간인 사망자도 수백 명에 이른다고 한다. 뼈대만 남고 불타버린 건물의 잔해더미에서 600여 구의 시체가 비닐봉지에 싸인 채 구덩이에서 발견되었다고 한다. 침략자인 러시아군의 피해도 만만찮은 모양새다. 이제 상호 소모전으로 장기화로 들어선 채 전쟁의 끝이 언제일지 국제사회는 지켜만 볼 뿐이다. 3년에 걸친 한반도에서 벌어진 피비린내 나는 전쟁이 벌써 올해로 72년이 지났지만 그날의 기억은 우리 민족의 가슴에 영원히 선명한 무늬를 그려 놓았다.

우리 가족이 6,25 전쟁을 맞이한 건 전라남도 함평군 월야면月也面의 월야초등학교 교장 관사이었다. 이곳에서 태어난 나를 선친께서 영월永

月이라고 지어 주셨기에 평생 나는 이름이 주는 시인의 이미지로 살아가고 있는 게 아닐까 싶다. 永자는 가족 항렬이고 月자는 월야라는 지명의 첫 자를 합성했다. 세 살된 유년기에 전쟁동이나 마찬가지로 세상을 맞이했다. 월야초등학교 교장이셨던 아버지는 인민군 앞잡이들인 지역 주민에 붙들려 처형장으로 끌려가고 있었다. 대나무 우거진 숲속 모퉁이 길을 새끼줄에 묶여 걸어가는 동안 감시원 한 명이 아버지에게 다가와 속삭였다. 빨리 도망 치세요. 그 분은 아버지의 제자로 호의를 베풀어 준 은인이었다. 만약 그대로 끌려갔더리면 우리 가족은 가장을 잃고 어찌 됐을지 뻔하다. 아버지는 그 길로 천신만고 끝에 큰댁이 있는 시골 오지로 피난행을 하셨다. 학교 관사에 남은 어머니를 비롯한 우리 일곱 식구는 당일 자정까지 관사를 비우라는 지시를 받고 어찌할 바를 몰랐다. 초등학생이던 큰형과 둘째 형이 아버지께 이 사실을 알리기 위해 주먹밥을 싸들고 부랴부랴 서둘러야 했다. 두 형들은 머나먼 시골길을 잠시도 쉬지 않고 걸음을 재촉했지만 어느새 산모롱이를 지날 때 그늘 때문에 해가 진 것으로 여기고 두려움에 거의 숨이 턱에 닿도록 뛰어야 했다. 다행히 아버지가 소가 끄는 구루마(수레)를 준비해 보내 주셔 웬만한 세간은 다 버리고 우리 식구는 몸뚱이만 겨우 빠져나올 수 있었다. 큰형이 B-29가 뜰 때마다 숲속으로 들어가 엎드려 있는데 철부지인 나를 달래느라 '너 땜에 내가 죽는다'라고 원망했다. 아무 것도 모르는 아이는 배가 고파서 울어대고 어머니는 내 아래 한 살 차이 여동생을 돌보느라 여념이 없고 나는 오로지 큰형이 담당해야 하는 몫이었다. 가까스로 피난 온 시골집은 큰아버지 댁이었지만 대식구를 거느리고 들이닥치니

눈치꾸러기가 아닐 수 없었다. 그나마 아버지는 지식인이었기 때문에 호구지책으로 인민군 사무실에서 일을 봐준 수입으로 연명하였다. 그러나 이 일로 부역이란 딱지가 붙어 나중에 세월이 바뀌고 법이 개정되기까지 연좌제로 인해 큰형님은 취업이나 해외여행시 마음고생을 많이 했다.

6.25 전쟁은 한반도를 초토화 시켰기 때문에 우리 국민들의 생활은 황폐해지고 절망에 빠졌다. 다행히도 16개국 U.N군이 참전해 우리를 도와준 탓에 공산 통일이 되지 않고 휴전이 이루어질 수 있었다. 이때도 러시아(구 소련)가 북한의 김일성에게 무기를 대주고 남침을 허용했기 때문에 가능한 것으로 역사는 증언하고 있다. 미군을 비롯한 얼마나 많은 젊은이들이 어디에 붙은 나라인 줄도 모른 채 파병되어 목숨을 바쳤는지 모른다. 동작동 현충원에 있는 그 많은 무명용사들의 비석과 부산에 있는 U.N군 묘지를 바라볼 때 고개 숙여 무어라 감사의 마음을 전할 길 없다. 내가 사는 도봉동은 의정부로 연결되고 한쪽 도로변에 미 육군대장의 비석이 조그맣게 자리하고 있다. 오가며 별로 관심을 두지 않았는데 누가 가져다 놓았는지 꽃다발이 눈에 띈다. 걸음을 멈추고 자세히 살펴보니 미8군 초대사령관을 지낸 월튼 해리 워커(walton H. WALKER, 1889년-1950년 12월 23일)로서 고위 장성이었다. 이곳에서 북한군과 교전 중에 전사한 장소를 기념하기 위해 세워 놓은 표지석이었다. 그는 북한군이 남침을 시작한지 불과 3일만에 서울을 점령하고 아군이 밀려 마지막 낙동강 전선으로 좁혀진 가운데 끝까지 사수해 냈고 인천 상륙 작전을 이끌었던 주역으로 전쟁 영웅이었다. 박정희 대통령은 그를 기리기 위해 서울 광진구 광장동 지역을 워커힐 기념 언덕으로 정하고 호텔

도 들어서게 했다. 워커힐 호텔을 몇 번이나 가보았지만 워커 장군의 이름에서 비롯된 걸 전혀 몰랐으니 부끄러운 일이었다. 행인들의 눈에 띠지도 않는 구석지에서 풍전등화 같은 이 나라를 구해 준 은인임을 알아보고 묵념을 올린 채 손으로 비석을 어루만져 본다. '노병은 죽지 않고 사라질 뿐이다'라는 뼈 있는 명구를 남기고 퇴역한 맥아더 장군은 인천 자유공원에서 한국의 영웅으로 여겨지고 있지만 워커는 상대적으로 덜 알려진 편이 아닐까 싶다. 소중한 목숨을 바쳐 지켜낸 가난한 극동의 나라가 70여 년 만에 자유 민주주의 선진국으로 발전한 것을 지켜보며 하늘나라에서 참전용사의 영령들이 감격하며 크게 기뻐하고 있으리라 여겨진다.

인간은 가장 큰 죄악인 전쟁을 왜 일으키는 것일까. 푸틴 러시아 대통령은 21세기에 아직도 제국주의 망령에 사로잡혀 이웃 나라를 침략하여 세계를 불안과 근심으로 몰아넣었다. 전쟁을 겪은 우리나라는 우크라이나를 동병상련의 심정으로 지켜볼 뿐 안타까운 마음이 아닐 수 없다. 최고의 위험인물인 북한의 김정은 지도자도 핵실험에만 골몰하고 있으니 더욱 불안하지 않을 수 없다. 전쟁이 사라지기를 바라는 지구촌의 염원은 우리 인류의 이상에 불과한 것인지 만감이 교차한다. 다시 한번 한반도를 지켜주기 위해 전사한 워커 장군을 비롯한 유엔군 장병들에게 깊은 감사를 되새기는 호국보훈의 달을 맞이하여 더욱 푸른 녹음처럼 평화로운 세상을 이루라 하는 게 아닐까.

저질러 버린다

사람의 성격엔 햄리트형과 동키호테형이 있다고 한다. 생각만 하고 행동으로 옮기지 못하는 사람도 있고 행동부터 한 후에 나중에 수습하는 사람도 있다. 어느 쪽이 옳고 더 나은지 모른다. 그러나 분명한 것은 마음에만 담고 지내는 것 보다 우선 저지르고 사는 게 후회가 덜 하지 않나 싶다. 어느 책에서 읽은 내용 중에 가게를 운영하는 주인이 성지순례를 하는 순례객들에게 물품을 팔면서 자신도 언젠가는 그런 꿈을 이루고 싶다고 다짐한다. 그런 가운데 한 해 두 해 세월이 간다. 나이도 먹게 되지만 여전히 순례객들을 바라만 볼 뿐 실행에 옮기지 못한다. 이유는 단 하나. 만약 가게 문을 닫고 성지순례 다녀와 버리면 이제부터 가슴에 담은 꿈이 없어지는 게 두렵다는 것이다. 아마 그는 죽을 때까지 성지순례를 그냥 꿈으로만 간직하며 살고 싶어 한다.

나의 기행 수필집, 바이칼호 너머 그리움(2014년 작)을 펼쳐보니 그동안 다녀온 36개국의 지구촌 중에 러시아, 북미, 남미, 아프리카 등이 떠오른다. 거의 3년에 걸친 코로나 팬데믹 상황을 지나오면서 그 이전에 부지런히 세계 여행을 다녀온 게 얼마나 잘한 일인지 모르겠다. 주로 문인단체나 패키지여행으로 다녀왔지만 기회 있을 때마다 망설이지 않고 적잖은 비용에도 용기를 낸 덕분이 아닌가 싶다. 지내 놓고 보니 다음 기회에 가겠다고 뒤로 빠졌으면 영영 못 가고 말 여행이 됐을 것이다. 내일 일을 장담할 수 없는 인생이다. 어떻게 세계를 휩쓴 역병이 번져 하늘길이 막히고 해외여행 규제가 심해지게 될 줄 알았으랴. 국내 여행도 그렇지만 여러 날 걸리는 국외여행을 떠나려면 이것저것 챙겨야 할 사항이 많기 마련이다. 흔히 여행에 3박자인 돈, 시간, 건강이 맞아야 한다. 출발 일자에 비행기 좌석에 앉기 전까지는 무슨 일이 생길지 모른다. 이런저런 변수를 따지면 걸리는 게 한 두가지가 아니다. 결국 부득불 포기해야 할 사정이 생겨날 수 있다. 그래도 꼭 기회를 놓치지 않고 떠나야겠다는 의지가 있으면 무리해서 저지르고 볼 일이다. 그러다 보면 의외로 문제가 해결이 되는 듯하다.

  지인들중에 한 명은 생활이 넉넉지 않아도 절제하기 보다 낭비한다는 생각이 든다. 그는 젊었을 때부터 갖기 힘든 차를 맨 먼저 소유했고 현재까지도 고급 차종을 선호한다. 할부로 자동차를 구입하면 수입 대비 지출이 무리인데도 우선 사고 본다는 쪽이다. 시간이 지나고 나면 힘든 가운데도 결국 할부금을 갚게 되는 기적이 일어나더란다. 나의 경우도 주택 구입이 만만치 않은 젊은 날의 형편에 내 집 마련은 모험이었다. 그동안 모아진 전세금에 무리한 은행 대출금을 끼고 가까스로 주택매입을 했다. 고가의 아파트를 전액 다 모아 현금으로 사야 한다면 평생 걸려도 불가능한 일이 될 터이다. 확실한 자금 계획없이 무모하게 집 마련을 결심한 것이 지내 놓고 보면 잘했다는 생각이 든다. 전셋집을 전전하며 안전제일주의로 살다 보면 집값은 천정부지로 오르고 도저히 따라잡을 수 없는 지경에 이른다. 무리를 해서라도 집마련을 한 사람들은 요즘 정부의 부동산 정책에 가만있었더라면 어찌할 뻔했는지 가슴을 쓸어내리는 것 같다. 그때 앞뒤 안 보고 저지르길 잘했다고.

작가로서 문단에 얼굴을 내밀고 20여년 활동하는 가운데 거의 한 해 걸러 책을 펴냈다. 그러다 보니 시집과 수필집이 모두 23권이나 서가에 꽂히게 되었다. 유명 출판사에서 돈 많이 들여 발간하지도 못했고 한 권도 광고비 들여 베스트 셀러를 내지 못했지만 나의 분신으로 만족한다. 경제적으로 미치는 영향을 고려하면 아내의 눈치를 봐가며 주저했겠지만 그냥 저질러버린 용기로 가능했다. 그리고 후회는 없다.

직장생활도 한 우물을 파야 성공할 수 있는 듯하다. 적성에 맞지 않는다고 여기저기 수시로 옮겨 다니면 퇴직후 노후를 책임지는 연금에 영향을 미친다. 그러기에 함부로 직장을 옮기는 것은 신중할 수밖에 없다. 나는 안정적인 공무원 생활을 하다가 생소한 은행원으로 자리를 옮기는 무모한 선택에 이르렀다. 더구나 계산능력이 뛰어난 상업계 출신도 아니고 인문계를 나온 탓으로 여간 주저할 수밖에 없었다. 가난한 형편을 벗어나고자 아무래도 봉급이 높은 은행원으로 변신하고 싶어 결국 결단을 내렸다. 아니나 다를까. 내게 은행원 생활은 적성이 아니었다. 숫자개념도 느리고 돈 세는 것도 빠르지 못하고 무엇보다 위험부담이 큰 직장이었다. 그렇다고 이런 분위기에 적응하지 못하면 처자식을 거느린 가장의 책임이 무거웠던 탓에 이를 악물고 버티었다. 스트레스도 욕먹는 것도 은행원의 월급 속에 포함된 것으로 참고 견디니 무사히 지점장까지 승진하여 마감할 수 있었다. 동물의 세계에서 적자생존이란 말이 있듯 주어진 환경에 살아남기 위해 억지로 적응하도록 노력할 수밖에 없다. 나와 가까운 지인도 고령의 나이에 지금까지와 전혀 다른 직종에 취업을 하여 죽기 살기로 적응하니 이제 제자릴 찾고 여유로운 모습을 보여 준다.

요즘 주변의 미혼남녀를 보면 결혼이 늦어지는 여러 이유 중에 준비 부족을 내세운다. 아직 집 마련도 안 됐고 봉급도 여유롭지 못하다는 것이다. 좋은 상대가 있으면 우선 셋방살이부터 시작하고 차츰차츰 늘려나가면 되지 않느냐고 얘기하면 고갤 흔든다. 짝짓기를 위해선 상대에게 나중에 들통이 나더라도 허풍도 좀 떨어야 한다고 하면 그럴 배짱이 없다고 한다. 나도 부모의 유산이 전혀 없는 상태에서 자수성가의 길을 걷고 있기에 결혼할 때 가장 문제 되는 것은 경제적 사정이었다. 결혼자금도 은행에서 대출받고 살림집도 여동생의 집을 한 칸 얻어 신혼생활의 출발점이 되었다. 모든 걸 완벽하게 갖춘 후에 결혼할 생각이면 어느 세월이 될 줄 모른다. 우선 저지르고 보면 길이 생겨나는 게 인생 이치인 듯싶었다.

아내는 큰 교회의 중직자로 신앙생활에 열중하며 만족한다. 나는 교회에 나가자는 아내의 권유에 짜증도 내고 싫어한 편이다. 인생 후반부에 이르러 비로소 신앙생활을 한다는 것이 얼마나 행복한 일인가를 깨닫는다. 천국을 바라보며 살기 때문에 죽음에 대한 두려움이 사라지고 평안한 마음을 얻는다. 신앙생활도 이것저것 따지기 전에 우선 믿고 보면 잘한 일로 여겨진다. 이제 인생의 고봉에 이르러 내가 저지르고 살아 온 길이 결국 잘못되지 않았음에 감사하지 않을 수 없다. 버나드 쇼의 묘비명에 '우물쭈물하다가 이렇게 끝날 줄 알았지'하는 고백은 하지 않아도 될성싶다.

만약에

　사회복지관에서 내가 글쓰기 재능기부를 하면서 수강생들과 함께 윤동주 문학관과 환기 미술관을 탐방했다. 부암동 고갯길에 자리한 윤동주 문학관 뒤편의 시비 앞에서 서시를 읽어 보면 다시 한번 가슴에 와닿는다. 새벽 이슬 같은 맑은 심성의 소유자임을 느끼게 하는 '하늘을 우러러 한 점 부끄럼이 없기를…'하는 구절이 아닐 수 없다. 문학관 근처의 조용한 동네에 세워진 '환기 미술관'에 입장하니 입구에 벽면을 가득 채운 추상화 한 폭이 관람객을 압도한다. 무수한 점과 점이 어지럽게 연결된 이해하기 힘든 그림이지만 제목을 보니 김광섭 시인의 '저녁에'라는 시 구절에 나오는 '어디서 무엇이 되어 다시 만나랴'이었다. 수화 김환기와 김광섭 시인은 성북동에서 함께 살며 절친으로 지냈다고 한다. 수화가 파리 유학 시절에 김광섭 시인의 부음을 듣고 애도하는 마음을 담아 이 그림을 구상했다 하니 그들의 우정이 부러울 정도이다.

　우리나라 화가로서 김환기 작품은 경매시장에서 최고가 행진을 할 만큼 비싼 가격으로 팔려나갔다고 한다. 그는 한국에서 활동할 때 자신의 작품이 세계에서 어떤 위상을 차지할지 확인하고 싶어 했다. 결코 우물 안 개구리처럼 지내는 것을 거부하고 세계 무대를 꿈꾸었다. 그는 자신의 바람대로 국내뿐만 아니라 세계에서 인정받는 화가임을 입증했다. 그러한 배경에 부인의 내조가 지대한 역할을 했다. 김향안(본명 변동림) 여사는 전처 소생인 세 자녀를 둔 김환기 화가와 재혼했다. 김 여사도 이상 시인과 첫 결혼 후 헤어진 사이였다. 그녀는 10년 동안 가정주부로 조용히 지내다가 홀연히 혼자서 파리 유학을 떠났다. 그곳에서 그녀는 남편의 파리 유학을 준비하며 일 년 동안 유명 화가들과 안면을 트고 전시회 등 정지작업을 했다. 마침내 일 년이 지나 1956년에 파리에 도착한 남편은 그녀의 계획대로 안정된 가운데 작품 활동을 벌여 화단에서 주목을 받는다. 추상화이지만 한국적 정서를 담아내는 반추상 그림은 화단의 관심을 끌었다.

홍익대 교수로 국내에서 잠시 머물다가 김 화백은 다시 뉴욕으로 떠나 완전한 추상화 쪽으로 작품을 바꾸어 활동한다. 그의 대표작이라 할 수 있는 '어디서 무엇이 되어 다시 만나랴'는 작품평을 미술 평론가는 이렇게 말했다.

> 화면 전체에 점을 찍고 그 점 하나하나를 여러 차례 둘러 싸가는 동안에 색이 중첩되고 번져나가도록 하는 방식으로 전체 화면을 메꾸어 나간다. 별빛이 부유하는 밤의 풍경 같은 우주적 공간감을 느끼게 한다.

61세로 뇌출혈로 갑자기 세상을 떠난 남편을 그의 유언대로 뉴욕에 묻혔고 고국으로 돌아오지 못했다. 김향안 여사는 사랑하는 남편을 위해 서울 부암동에 '환기 미술관'을 설립하여 그의 작품들을 전시해 놓고 수많은 관람객들에게 명작을 감상하는 기회를 제공했다.

몇 년 전에 가족여행을 다녀온 곳이 전남 신안군 안좌도에 있는 핑크 시티이었다. 마을 입구에서부터 동네 전체를 보라색으로 색칠해 놓아 이국적 느낌을 자아내는 곳이었다. 주민들의 옷도 보라색 차림으로 홍보 활동을 하는 분위기 가운데 김환기 생가가 눈에 띄었다. 오지 섬마을에 태어난 그가 일본에 유학(1936년, 니혼대 미술과)까지 다녀와 세계적 화가로 성장하였다는 사실이 놀라울 뿐이었다. 세계여행을 하다 보면 유명 화가나 문인, 음악가가 한 도시를 최고의 관광지로 변신해 놓는 걸 볼 때, 논두렁 한쪽에 김환기 기념관인지 생가인지 모를 초라한 모습이 안타깝게 여겨진다.

윤동주 시인이 연희전문학교 졸업(1941년) 기념으로 발간하려던 시집을 일제의 탄압으로 중단되고 친필 원고 3부를 겨우 남겼다. 그중 1부는 지도교수에게 전해지고 다른 1부는 같은 하숙생 후배인 정병욱에게. 마지막 1부는 자신이 보관했다. 정병욱이 전쟁터에 학도병으로 끌려가면서도 고향의 어머니에게 원고를 부탁하였다. 소중한 시집을 받아 든 어머니는 항아리 속에 넣어 마루 밑에 보관하였다. 아들이 군복무를 무사히 마치고 돌아와 시집을 넘겨받아 마침내 '하늘과 바람과 별과 시'라는 제목으로 윤동주 유고시집을 발간했다.

가을의 정취를 만끽하기 위해 동두천에 있는 소요산을 찾았다. 입구에서 자재암까지 산책로가 멋진 숲길로 이어져 휘날리는 낙엽을 밟으며 혼신의 힘을 다해 물들어가는 단풍의 고운 빛깔에 감탄할 수 있었다. 무엇보다 신라 시대의 원효대사와 요석 공주의 러브 스토리가 낭만에 젖게 한다. 원효대사는 골목길을 돌아다니며 미친 사람처럼 자신과 하룻밤을 보낼 수 있는 여자를 구한다고 소리치고 다녔다. 이 소식을 듣게 된 무열왕(신라 29대)은 나라의 인재가 무척이나 필요한 시기에 원효대사의 자식을 얻는다면 국가에 도움이 될 것이라 생각했다. 자신의 딸이 혼자 지내고 있던 터인지라 요석공주에게 정분을 쌓는 일을 허락해 주었다. 여기에서 태어난 아기가 바로 이두문자를 만들어 낸 설총이라는 학자이었다. 요석공주는 자재암에서 수도정진중인 그리운 님을 사랑하는 마음을 담아 기도하며 얼마나 불면의 밤을 보냈으랴. 소요산에 오르면 여러 봉우리들 중에 공주봉이란 명칭도 아직 남아 자재암을 안타깝게 바라보고 있다.

 '만약에'라는 가정법에서 김환기 화백이 김향안이라는 여인을 재혼으로 만나지 못했다면 어찌 됐을까. 그녀의 지극한 배려 없이 파리 유학을 떠나 김환기 화백의 꿈이 순조롭게 이루어지기란 불가능했으리라. 윤동주 시인도 세상에 알려지게 된 결정적 동기도 정병욱이란 후배의 역할이 너무나 컸다고 볼 수 있다. 28세에 요절한 윤동주 시인의 주옥같은 시편들이 하마터면 어둠 속에 영영 사라질 뻔했다. 원효대사도 당나라에 유학을 예정대로 의상대사와 함께 떠났거나 요석공주를 통한 파계승이 되지 않았다면 그러한 성취가 가능했을는지 모를 일이다. 통일 신라를 이룩해 낸 무열왕의 너그러운 마음이 대단해 보인다.

지나온 내 삶이 대단치도 않지만 지금 이만큼의 성취도 '만약에'가 적용하면 어려워졌을 것으로 여겨진다. 대학입시에 실패하고 주경야독을 한 일, 공무원에서 은행원으로 변신한 일, 지금의 아내를 만난 일, 약사가 되지 못하고 문인의 길을 걷게 된 일 등 놀라운 신의 섭리가 아닐 수 없다.

인생과 만남

　남산 순환로 산책길은 언제 걸어도 주변 풍경이 반겨준다. 벚꽃 철을 맞이하여 활짝 핀 모습도 좋지만 바람에 날리는 꽃잎을 바라보는 것도 아름다운 정경이 아닐 수없다. 샛노란 개나리꽃이나 붉은 진달래도 산기슭에서 얼굴을 내밀며 봄 무대를 장식한다. 가끔 시각 장애인들도 하얀 지팡이를 더듬거리며 이곳 산책로에서 마주친다. 많은 장애인 가운데도 앞을 볼 수 없다는 게 가장 안타깝게 여겨진다. 이토록 화려한 봄날이 손짓하고 있지만 아무 것도 보이지 않는 어둠 속에 갇혀 지내는 처지가 형벌이 아니고 무엇이랴.
　문득 보지도 듣지도 말도 못 하는 삼중고의 비참한 장애인이었던 헬렌 켈러(1880년-1968년)가 생각난다. 그녀는 역경 가운데도 앤 설리번이라는 가정교사를 만나 교육가이자 작가, 사회운동가로서 성공적인 삶을 개척해낸 주인공이 되었다. 앤 설리번은 그녀의 손바닥에 글씨를 써가며 단어를 가르쳤고 거의 50년 동안 함께 지냈다. 헬렌 켈러가 그처럼 성장할 수 있었던 배경은 부유한 가정환경과 함께 헌신적인 스승을 만난 덕분이 아닐 수 없다. '살아서 이기지 못할 고난은 없다'라는 말이 그녀의 삶을 통해 증명하고 있다.

　유명한 예술가들의 삶을 살펴볼 때도 운명적인 만남이 깊은 여운을 남긴다. 조각가 로댕은 43세에 19세인 카미유 끌로델과 제자로 만나 부부 관계로 발전한다. 뛰어난 재능을 가진 끌로델은 자신의 꿈을 이루기 위해 당대의 최고 스승을 만나 사랑하고 존경의 대상으로 여겼지만 좋은 결과를 맺지 못했다. '지옥의 문'이라는 작품에서 로댕을 도와 어려운 손과 발을 완성하기도 하고 남녀의 포옹을 형상화한 조각상도 인정받지 못하고 스승의 표절 시비로 끝나 버린다. 설상가상으로 사실혼 관계인 스승의 본처에게 시기 질투를 당해 결정적으로 헤어지는 상황을 맞는다. 결국 그녀는 극심한 스트레스로 정신병원에 입원하여 30년 동안 고생하다가 쓸쓸히 비운의 여류 조각가로 생을 마감했다. 아마도 로댕을 만나지 않고 홀로서기를 했다면 그녀의 재능이 빛을 발휘하고 꽃을 피워 냈을지도 모른다. 부부간에도 서로의 재능과 가능성을 인정해 주고 함께 성장해 가는 배려가 필요하지 않을까 싶다.

　광기를 지닌 천재 화가로 초현실주의 그림으로 유명한 살바도르 달리는 25세 때 10살 연상인 러시아 여인인 갈라를 만났다. 대표적인 달리의 '기억의 영속'이라는 작품은 시계가 올리브 나무에 걸쳐 치즈처럼 녹아내리는 독특한 구성이었다. 달리는 기상천외한 아이디어의 제조기처럼 여겨졌고 그림뿐만 아니라 영화와 연극, 오페라 무대장치, 가구 디자인 등 장르를 넘나들며 독창성을 선보였다. 그는 오로지 유부녀이었던 갈라를 만나 첫눈에 반했고 영감의 원천이 된 뮤즈로 평생을 함께했다. 갈라는 아내이자 그의 매니저 역할을 하며 사업수완을 발휘하여 남편의 작품을 홍보하고 비싼 값으로 팔아넘겨 부유한 생활을 누렸다. 두 사람의 만남은 환상적인 조합으로 생의 마지막까지 성공적인 부부가 되었다.

까미유 끌로델과 대조적으로 유명 화가들의 모델로 일하다가 홀로서기를 하여 스스로 드물게 화가의 꿈을 이룬 쉬잔 발라동의 생애는 감동을 안겨 준다. 그녀는 사생아로 태어나 밑바닥 인생을 거쳐 이름난 화가의 반열에 올랐고 자신의 아들도 사생아를 얻어 모자가 함께 화가의 길을 걸었다. 발라동은 몽마르트르의 뮤즈로 활동할 때 거장 르누아르를 만나 모델 역할을 하면서 자신의 그림을 보여주곤 했다. 그러나 르누아르는 '모델이 무슨 그림을…'하면서 무시했지만 그녀는 결코 좌절하지 않고 꾸준히 노력했다. 그 밖에도 여러 화가를 만나 영향을 받으면서 자신의 모습을 그린 초상화를 선보였고 최초의 남자 누드인 '투망'을 통해 세 남자가 바닷가에서 그물을 던지기 전 근육질의 작품을 통해 호평을 받았다. 여태까지 여러 화가에 둘러싸여 그림의 대상이 되었지만 이제 그림의 주체가 되어 당당히 여류 화가로 인정을 받았다. 어쩌면 서당 개 3년에 풍월을 읊었다는 생각도 들지만 본인의 꾸준한 자기 계발과 DNA가 뒤따라준 결과가 아니었을까. 그녀의 아들도 몽마르트르의 골목과 풍경 그림을 통해 당시 화단에서 인정받는 작가가 된 걸 보면 더욱 대단한 것 같다.

요하네스 브람스는 슈만 부부를 만나는 것으로 인생의 터닝포인트를 맞는다. 작곡가이자 평론가인 슈만은 그가 발간하는 음악 잡지에 브람스를 20세의 천재 피아니스트로 소개했다. 이때 브람스가 마주친 슈만의 부인, 클라라는 그보다도 14살 연상인 30대의 피아니스트였다. 이미 여러 명의 자녀를 둔 클라라에게 그는 강력한 끌림을 받았다. 브람스의 아버지도 무명 연주가 시절에 하숙집에서 만난 여자와 일주일 만에 결혼했다. 그의 어머니는 한쪽 눈이 보이지 않았고 아버지보다 17세나 연상인 점을 생각하면 부전자전이 아닐 수 없다. 스승인 슈만이 정신병을 앓고 죽음을 맞이했을 때 그는 남겨진 미망인과 자녀들을 충실히 돌보았다. 클라라는 브람스의 사랑을 끝까지 거절했지만 43년 동안 편지를 서로 교환하며 사랑과 우정을 나누었다. 브람스는 평생 독신으로 지내며 클라라가 세상을 떠날 때까지 조용히 등 뒤에서 지켜보았다. 그리고 그녀가 죽은 이듬해에 브람스도 바로 뒤따라 세상을 떠났다. 그가 남긴 편지에 사랑의 고백이 가슴에 와닿는다.

저는 언제나 부인을 생각하고 있습니다. 부인은 단 한 순간도 제 머리에서 떠나지 않습니다. 부인이 계시지 않는다면 제가 얼마나 불행한지 알 수 없습니다. 부인을 진정으로 포옹하게 해 주십시오.

브람스에게 성공은 물질적인 것이 아니라 음악과 사랑으로부터의 행복이었다.

나에게 있어 최고의 만남은 문학과 예수님이었다. 가난한 형편에 내성적이고 비사교적인 성격에 나의 유일한 친구는 책과 일기장이었다. 도서관도 찾기 힘든 시골에서 어쩌다 내 손에 들어 온 김소월 시집과 김영랑 시집 속의 시는 나를 위로해 주었고 내면의 대화를 나눌 수 있었던 일기 쓰기는 사색의 공간이었다. 군대 시절에 나가게 된 군인 교회는 성경책을 만나게 해 주었고 주인공인 예수님은 내 정신적 지주가 되었다. 젊은 날의 인생에 대한 회의와 허무감은 글쓰기를 통해 극복할 수 있었다. 내가 살아온 인생을 스스로 당연하게 여기지 않고 감사하는 마음을 심어 준 기독교 신앙은 언제나 영적인 힘이 되었다.

행복과 불행의 경계

　인간은 누구나 행복한 삶을 추구한다. 하늘의 날씨가 흐린 날과 맑은 날이 교차하듯 행복과 불행도 우리들의 삶에 무늬를 그리며 흘러갈 뿐이다. 요즘 사회를 떠들썩하게 한 사건들 가운데도 서울 관악구 신림동에서 웬 청년이 행인들을 향해 마구 칼을 휘둘러 한 명이 목숨을 잃고 다른 세 명도 크게 다쳤다고 한다. 그는 범행 동기에서 '나는 불행한데 다른 사람은 그렇지 않은 것 같다. 그들도 나처럼 불행해지기를 바랐다. 자신의 키가 작아 항상 또래 남성들에 비해 열등감을 느꼈다.' 하는 발언이 귀에 들어왔다.
　남자든 여자든 외모가 잘 생기면 우선 행복의 조건에서 경쟁력을 갖추는 게 현실인듯하다. 미남미녀를 싫어하는 사람은 없을테니까. 고리키(1868년-1936년, 러시아)의 작품 중에 '스물여섯 사내와 한 처녀'라는 단편 소설이 있다. 악덕 고용주 밑에서 26명의 젊은이들은 지하실에 갇혀 꼼짝도 못하고 과자 만드는 작업에 노예처럼 부림을 당한다. 같은 건물에서 일하는 예쁜 아가씨 한 명이 매일 이곳에 들려 갓구운 과자를 달라고 하여 얻어먹는다. 청년들은 한결같이 상냥하고 멋지게 생긴 아가씨에게 호감을 느끼기 때문에 누구도 거절하지 않고 주인 몰래 과자를 건네준다. 이런 삭막한 환경에 청년들은 그녀가 여신처럼 여겨지고 바라보는 것 자체로 한없는 기쁨을 느낀다. 그러던 어느 날 군인 출신의 멋진 미남이 지하실의 청년들 앞에 나타난다. 그는 이 건물에 있는 모든 아가씨들이 자기 손안에 있는 것처럼 떠벌린다. 자기가 한번 눈을 찡끗하고 휘파람을 불면 여자들이 사족을 못쓴다고 한다. 심지어 서로 자신의 눈에 들고 싶어 자기네끼리 싸움까지 붙는다고 거드름을 피운다. 지하실의 26명 사내들은 아무리 그렇다 한들 자신들의 우상인 아가씨만은 어림없을 거라고 얘기하며 앞으로 2주 기한을 정해 내기를 하자고 한다. 마침내 약속한 기한이 다가왔을 때 지하실 창틈으로 군인 녀석이 휘파람을 불며 마당을 가로질러 골방으로 들어가니 바로 그 아가씨가 자석에 달라붙듯 그의 뒤를 따라 들어가는 모습을 확인했다. 실망에 빠진 그들이 다음 날 아가씨를 향해 날카로운 비난을 쏟아붓자 그녀는 돌변해 소리친다.

불량배 같은 너희들은 상대도 안 돼. 지하실 감옥에 갇혀 지내는 불쌍한 주제에 뭐라고들 떠드는거야. 더러운 놈들.

26명 사내들은 절망했을 것이다. 여자란 모두 겉만 보고 속절없이 유혹에 빠져드는 존재일 뿐이라고.

신림동 사건의 청년(33세)이 자신의 외모에서 불행을 느낀 게 또래보다 작은 키라고 했다. 맞다. 키가 작다는 사실이 열등감을 가져다주는 건 사실이 아닐 수 없다. 나의 경우를 비쳐 보면 그런 경험을 많이 한 편이다. 평균 키에도 미달한 나로선 군대생활은 물론 직장 생활에서도 위축될 수밖에 없었다. 옷을 사 입을 때도 기성복은 거의 맞지 않고 비싼 양복점에서 맞춰 입거나 수선집에서 고쳐 입어야 했다. 누구나 자신의 단점을 면전에서 얘기하면 자존심이 상하고 기분이 상한다. 장애인에게 그런 말을 하면 정말 배려 없는 사람으로 인격이 의심받을 수밖에 없을 것이다. 직장생활을 할 때 상급자가 나의 기를 죽일라치면 으레 '키도 쬐그만 사람이...어짜고저쩌구'이다. 청춘 시절에 짝사랑하던 여인이 나의 작은 키를 트집 잡아 외면할 때 참으로 비감이 느껴졌다. 왜 부모님의 키가 작은 유전자로 내가 고통을 당해야 하는지 원망스럽기도 했다. 나도 여자를 사귈 때 의도적으로 키 작은 사람을 피하게 된 원인이었다. 내가 당한 고통을 2세에게 다시는 물려 주고 싶지 않았기 때문이다. 지인 중에 여자분이 자신의 결혼 상대를 고를 때 오빠 친구들 중에 제일 별볼일 없는 사람을 택했다고 해서 의아했다. 그 이유를 들어 보니 내가 그 남자를 옆에서 돌봐주지 않으면 그 사람이 꼭 불행해질 것 같아서라나. 나도 같은 말을 아내에게 들었다. 나의 키는 전혀 보지도 않고 자신이 옆에서 지켜줘야 할 사람으로 느꼈단다. 만약 아내가 그때 동정심인지 모성애인지 나를 선택해 주지 않았더라면 나는 키도 크고 괜찮은 여자를 만날 수 있는 인연은 영 글렀을 것으로 여겨진다. 예상했던 대로 아이들은 남매가 모두 평균키이거나 그 이상이 돼 안심할 수 있었다.

신림동의 살인범은 아마 사이코패스 검사를 받게 된다고 한다. 길거리에 지나가는 사람들이 자신의 눈에 모두 행복해 보인다고 생각하지만 얼마나 세상에 대한 이해가 부족한지 모르겠다. 그가 죽인 젊은이는 부모를 일찍 여의고 동생을 부양하며 겨우 대학을 마친 후 취업 준비중에 좀 더 싼 방을 얻기 위해 신림동 골목을 기웃거리다가 그런 참변을 당했으니 얼마나 안타까운 일이랴. 나처럼 다른 사람도 불행해야 한다는 그릇된 생각이 그처럼 잔인한 일을 저지를 수 있도록 했다. 나의 불행을 남의 탓으로 돌린다는 자체가 어리석은 사고방식이 아닐 수 없다. 금수저나 은수저로 태어난 사람보다 흙수저 무수저로 태어난 사람이 훨씬 많은 세상이다. 키가 작은 외모에도 훌륭히 극복하고 위인의 자리에 선 분들이 얼핏 생각난다. '내 사전에 불가능이란 없다'는 나폴레옹이 그렇고 '흰 고양이든 검은 고양이든 쥐만 잘 잡으면 된다'는 등소평이 그렇고 '잘 살아보세. 새마을 운동'을 일으키고 경제개발의 주춧돌을 놓은 박정희 전 대통령이 그러하지 않은가.

최근 신문 기사의 어느 분 칼럼에 '당신의 행복을 쇼 윈도우에 전시하지 말라'는 글이 공감을 준다. 행복은 아이스크림 같아서 남들 앞에 과시하면 햇볕 아래 녹아버리고 손가락이 끈적하여 달라붙어 불쾌감만 남는다고 한다. 대중들에게 영향력이 큰 티.브이 드라마 등에서 자신이 어떻게 행복하다는 자랑을 늘어놓는 걸 보면 분노와 소외감을 느낄 수 있는 사람들이 있을 것 같다.

부모님이 내게 주신 외모나 경제력 같은 외적 환경은 어쩔 수 없다. 그런 것들에 대해 열등감을 키우기보다 마음의 키가 자라날 수 있도록 노력할 일이다. 다산 정약용은 18년 강진 유배 시절에 맨 처음 머무르게 된 허름한 주막집 방 한 칸에 기거하면서도 자기관리를 철저히 하겠다는 의미의 사의재四宜齋를 실천했다고 전해진다. 첫째, 생각을 맑게 하고 둘째, 행동을 무겁게 하고 셋째, 용모는 단정히 하고 넷째, 말을 적게 한다는 다짐이었다. 다산 같은 지혜로운 어른이 우리 사회에 많아져 불행한 젊은이들이 더는 뉴스의 주인공이 되지 말았으면 한다.

2 나의 곰스크 가는 길

나의 곰스크 가는 길

 지구 온난화 시대가 아니고 이제 지구 열대화 시대가 됐다고 유엔 사무총장이 선언하듯 뜨거워진 여름은 펄펄 끓는다. 우리나라도 남해안의 수온이 올라 양식장의 고기들이 떼죽음의 위기에 처해 지고 농촌 어르신들이 농사 일 하다가 온열 환자가 속출해 50여 명이 사망했다는 뉴스가 전해진다. 이런 가운데도 산책로에 피어난 망초꽃이며 노란 금계국이 기특하다. 자연은 혹독한 기후변화 앞에서도 치열하게 제 삶에 충실하고 최선을 다해 그들의 존재감을 드러낸다.
 일회적인 삶을 살아가면서 어떻게 살아가는 게 성공적인 모습이고 행복한 마감일까를 생각해 본다. 프리츠 오르트만(독일 소설가)은 '곰스크로 가는 기차'라는 소설에서 어떤 인생이든 실패한 인생은 없다고 우리에게 따뜻한 위로의 메시지를 전해 준다. 곰스크란 지명은 지도에도 없지만 주인공 남자는 어떻게든 평생의 꿈인 그곳을 가기 위해 기차를 타고 떠난다. 어느 시골 간이역에서 기차가 잠시 머무는 동안 신혼부부는 산책을 하던 중 주변 풍경이 주는 분위기와 달콤함에 빠져 그만 시간 가는 줄 모르고 있다가 기차를 놓치고 만다. 아내는 남편이 이끄는대로 곰스크를 향하지만 별로 마음이 내키지 않는다. 속으로 오히려 잘된 일이라고 여기고 역 근처의 유일한 호텔 카페에서 주인 여자를 도와 종업원으로 일거리를 찾는다. 남편도 할 수 없이 같은 곳에서 카페 일을 도우며 다음 기차를 탈 때까지 돈벌이를 하게 된다. 마침내 기차가 간이역에 도착했을 때 뛰어 가 탑승하려는데 역무원은 차표 유효기간이 지났으니 다시 차표를 끊어야 한다고 거부당한다. 차표 값이 워낙 비싸기에 포기하고 돈을 모을 때까지 다시 카페 일을 거들며 지낸다. 그런데 아내는 무슨 꿍꿍이수작인지 함께 차표 값을 모으기는커녕 그동안 일한 댓가로 마을 이장 집에서 중고 안락의자를 대신 가져온다. 화가 난 남편은 곧 떠나야 하는 판국에 무슨 안락의자가 필요하냐고 타박한다. 아내는 태연하게 당신이 일하고 피곤하면 쉴 수 있는 의자라고 한다.

남편은 그동안 어렵게 저축한 돈을 탈탈 털어 새 차표를 끊어 아내에게 보여 주고 기차 출발 시간이 5분밖에 남지 않았으니 어서 서둘러야 한다고 채근한다. 그렇지만 아내는 남편의 마음과는 달리 그저 꾸무럭거린다. 아내는 결국 끙끙대며 안락의자를 꼭 가지고 타야 한다며 늦게 승강장에 나타난다. 역무원은 물건을 짐칸에 따로 싣고 요금도 별도로 내야 한다고 한다. 차표도 겨우 마련한 형편에 그런 요금을 낼 여유가 전혀 없다. 남편은 아내에게 안락의자와 함께 잘 살라고 쏘아붙이고 열차에 올라탄다. 아내도 그만 포기한 듯 잘 가라 하면서 도착하면 주소라도 알게 해달라고 부탁한다. 그러면서 임신한 아이를 위한 것이라 한다. 그

말을 듣는 순간 남편은 깜짝 놀라 앉았던 자리에서 승강장으로 뛰어내리고 기차는 그들의 곁을 지나 아주 멀어져 가고 만다.

다시 카페 건물의 허름한 거처로 돌아온 부부는 일상을 이어 나가는 동안 세월은 흐르고 둘째 아이가 태어나고 남편도 시골학교의 교사로 안정된 일자리를 얻었다. 학교 관사로 이사하여 좋은 환경이 주어지고 이웃 사람들과 안면도 익혀 그럭저럭 적응해 나간다. 아내는 만족스런 삶에 행복이 넘치지만 남편은 마음 한구석에 곰스크가 아프게 자리잡고 있다. 그의 전임자였던 늙은 교사가 그에게 충고한다.

나도 당신처럼 곰스크를 꿈꾸었지만 결국 이곳에 머물러 행복한 삶을 마감했노라고.

그러나 주인공 남자는 혼자 있는 시간엔 시골 들녘을 헤매며 멀리 뻗어나간 철로 길을 바라보며 한숨 짓는다.

결국 오르트만은 이 작품을 통해 주인공은 곰스크로 가지 못했지만 임신한 아내를 위해 여행을 포기한 것은 자신의 선택(운명)이었다고 한다. 시골 마을에 머물며 교사 자리를 얻고 아내와 안락한 가정을 꾸리고 두 아이들과 오순도순 살아가게 된 것이 결코 후회스런 일이 아니라는 것이다. 목표한대로 되지 않아도 인생은 충분히 따뜻하고 살만한 가치가 있다는 걸 부드럽게 들려준다. 최선을 다 해 살되 결과에 초연하라는 가르침이었다. 국부론을 쓴 경제학자인 애덤 스미스는 '인간이 건강한 육신을 갖고 빚없이 살며 양심에 걸리는 일이 없으면 뭘 더 바라겠나'

라고 했다. 이렇게 산다면 행복이란 얼마나 쉽고 소박한 일일텐데 사람들은 곰스크로 가는 기차를 타고 떠나지 못한 것에 후회하며 현재의 삶을 놓치고 마는 듯하다.

괴테나 셰익스피어 같은 문호를 존경하며 나는 청소년 시절에 시집이나 소설을 가까이 하며 일기를 꾸준히 쓰고 사색에 잠겨 지내곤 했다. 고교 시절에 문과를 택하지 않고 이과를 택해 약사가 되고자 했다. 약국 경영을 하면서 경제적 여유도 갖고 글을 쓰며 꿈을 이루고 싶었다. 그러나 신체검사에서 색약 판정이 나와 진로를 바꾸어 대학 입시에서 독문학과에 시험을 치루었다. 실력 부족으로 낙방하고 재수는 가난한 형편에 가당치도 않아 포기하고 생활전선에 나가기 위하여 말단 공무원 시험에 응시하여 합격했다. 병역의무를 마치고 대학 행정부서에 복직하여 조금 근무하다가 주경야독으로 대학을 마쳤다. 대졸 자격으로 은행원 공채에 합격하여 적성에도 맞지 않는 금융업무를 견뎌 내며 지점장까지 승진하여 한참 일해야 할 나이에 국가적 외환 위기가 몰아닥쳤다. 금융계 구조조정이 이루어져 53세라는 나이에 억지로 명예퇴직을 당했다. 그래도 가정을 이루고 두 아이가 대학 과정까지 거의 마치게 돼 가장으로서 의무와 책임은 겨우 모면했다. 나의 곰스크는 항상 문인이라는 기차를 타는 것이었기 때문에 현직에 있는 동안 문예 잡지를 통해 내게 맞는 수필과 시 장르로 모두 등단하여 문단생활 27년째 이르렀다. 그동안 지역문인 단체장도 역임하고 작가회 동인에서 활동하며 다수의 수필집과 시집을 발간했다. 작가로서 큰 성공은 못 했지만 내가 좋아하는 문학을 통해 최선의 삶을 살았으니 더는 곰스크를 향한 마음을 접고 싶다.

삶의 빛과 그림자

– 에드워드 호퍼, 라울 뒤피

살아가는 동안 마음의 여유를 갖고 위대한 천재들이 보여주는 예술의 세계를 거닐어 보는 것은 삶의 풍요로움이 아닐 수 없다. 요즘 전시되고 있는 서울 시립 미술관의 에드워드 호퍼(1882년-1967년)전과 예술의 전당 한가람 미술관의 라울 뒤피(1877년-1953년)전을 관람했다.

일생의 대부분을 뉴욕에 살며 활동한 호퍼는 주로 도시인의 고독과 고립, 소외감을 표현했다. 인간은 자연을 떠나 도시의 빌딩, 콘크리트 건물들 사이에서 화려한 조명과 소음, 쾌락을 추구하며 바쁘게 살아가지만 한편 그림자처럼 쓸쓸한 내면을 감당해야 한다. 우리나라도 많은 젊은이들이 도시생활에 적응하지 못하고 우울증에 빠져 지낸다는 통계 숫자가 나온다. 영국이나 일본 정부는 이를 국가적 문제로 여기고 우울증이나 자살 방지 등을 전담하는 장관까지 임명되었다.

호퍼의 작품 중에 '햇빛 속의 여인'은 아침 햇살이 찬란하게 비쳐드는 오피스텔 같은 거실에서 한 여인이 나체로 창밖을 바라본다. 손에는 담배 한 대를 피워 물고 다시 스트레스를 받게 하는 하루의 출발점에서 '오늘도 지겨운 직장에 나가야하나 말아야 하나' 하는 고민스런 모습을 실감있게 보여준다. 도시의 직장인들은 일과 대인관계에서 언제나 자유로울 수 없다. '밤을 지새운 사람들'의 그의 그림에서는 어두운 도시 뒷골목의 풍경을 보여준다. 손님도 별로 없는 술집 카페에서 네 명의 사람들이 아무런 대화도 없이 자리를 지킨다. 주인아저씨는 물건을 정리하는지 고갤 숙인 채 있고 다른 두 명의 남녀도 카운터 책상에 기대어 서 있고 다른 남자 한 명도 무표정하게 앉아 있다. 그들의 시선은 상대방을 바라보지 않고 각자 다른 방향이다. 그냥 서로에게 철저한 무관심이다. 인적도 끊기고 가로등도 보이지 않는 어두컴컴한 골목이 도시의 섬 같은 고립감을 드러낸다. 또 다른 그림 한 점은 고층 아파트에서 침실에 들기 전 여인 한 명이 맨몸인 채 불빛에 드러낸 뒷모습이 창문을 통해 드러난다. 도시인의 은밀한 사생활이지만 어딘지 외로움이 묻어난다.

호퍼는 영화 보기를 좋아했다. 그래서인지 감독이 어떤 장면을 예리하게 포착하듯 인물 표현도 건물 벽과 창문 등 절제 있는 화면 구도를 통하여 호소력을 갖는다. 그의 부인인 조세핀과 인연을 맺게 된 계기도 멋진 것 같다. 호퍼는 시를 좋아해 어느 모임에서 시 한 편을 불어로 낭송하는데 중간쯤에서 막혀 곤란한 지경에 한 여인이 뒷부분을 대신 낭송해 줌으로 잘 마무리됐다. 조세핀도 이름난 화가로서 명성을 지녔지만 호퍼의 훌륭한 조력자로서 역할을 감당했다. 두 사람은 성격 차이로 자주 말다툼을 일으켰지만 화가 부부로서 결국 성공했다. 조세핀은 모델 역할도 하고 남편의 전시회 이력이나 작품 판매 등 정보가 담긴 기록물을 30년이나 지속하여 남편 사후에 2500여점의 작품과 함께 휘트니 미술관에 기증했다. 조세핀도 남편이 떠나고 10개월 후에 뒤를 이어 사망했다.

라울 뒤피는 호퍼와 달리 색채의 화가로 불리우고 인생에 대한 긍정과 기쁨을 표현했다. 그는 시와 음악을 그림에 접목시킬 만큼 예술에 대한 경계를 의식하지 않았다. 뒤피는 음악에 있어 아버지의 영향을 많이 받았다. 8남매의 둘째로 태어난 그는 노르망디 항구 도시인 르아부르에서 성장했다. 아버지는 금속공업회사의 경리로 일하면서도 교회 오르간을 연주하고 성가대 지휘자를 할 만큼 음악적 재능이 있었다. 이런 환경 탓인지 뒤피는 바이얼린과 악보, 첼로 등의 악기를 작품으로 보여준다.

그는 집안이 가난하여 14살 때 커피 무역회사에 취업하여 낮엔 일하고 밤엔 야간학교를 다니며 화가의 꿈을 이루기 위해 노력했다. 이런 아들을 위해 부친은 장학금을 모금하여 마침내 파리 미술학교에 진학시킨다. 뒤피는 자유롭고 독창적인 예술을 지향하며 결코 특정 사조나 유파에 속하는 것을 거부했다. 어딘가에 속박되는 것을 병적으로 싫어했던 탓에 그는 당시의 평단에서 재능을 인정받지 못하고 저평가되었다.

자연의 아름다운 광경은 그림을 그릴 수 있게 해줍니다. 생타드레스 만과 파란색 지붕이 있는 붉은 벽돌집, 항구의 입구, 절정에 달한 음표처럼 뾰족하게 솟은 파도, 위에 황금빛 모래, 잔물결이 아로새겨진 조개 껍데기, 파도 위에서 춤추는 화물선과 돛은 누구나 볼 수 있는 풍경들입니다. 그러나 화가는 이 환상의 나라에서 비밀을 보고

붓을 듭니다.

− 『뒤피에 대한 비평가의 글』 중에서

예술가란 눈 앞에 펼쳐진 풍경에서 어떤 영감을 얻으려면 남다른 감수성과 예민한 관찰력이 필요한 듯하다. 일러스트 작가로서도 유명한 그는 프랑스 시인 아폴리네르의 청탁을 받고 동물 시집에 코끼리 그림 등 뛰어난 삽화를 그렸다. 1937년에 파리만국박람회에 뒤피는 '전기요정'이라는 대형 그림을 출품했다. 세계에서 가장 큰 그림으로 프레스코 벽화이고 근대과학기술의 상징인 전기에 대한 고마움을 드러냈다. 참혹한 세계대전을 겪으며 좌절에 빠지고 말년에 관절염으로 휠체어 신세를 졌던 그는 아마 이 한 마디에 그의 삶을 압축적으로 표현한 것이리라.

삶이 나에게 항상 미소 짓지 않았다. 그러나 나는 언제나 삶에 미소 지었다.

나의 눈은 태어날 때부터 추한 것을 지우도록 되어 있다. 나는 슬픈 그림을 그려본 적이 없다.

이번 전시회를 통해 에드워드 호퍼의 어두운 그림자가 드리운 내면세계보다 라울 뒤피의 밝고 긍정적인 삶에 관심을 갖게 된다. 가능하면 인생의 어두운 면보다 빛을 향해 시선을 돌리고 따뜻한 마음을 닮고 싶다.

역사의 반딧불

　엘리자베스 2세의 장례식을 보도하는 신문 기사는 '세기의 장례식'이라고 표현했다. 과연 그러한 것 같다. 세계 각국의 정상들이 조문객으로 모여들고 영국 국민은 웨스트민스터 사원에 모셔진 여왕을 뵙기 위하여 몇 시간이고 기다리는 수고를 마다하지 않았다. 26세에 여왕의 자리에 올라 70년 동안 재위한 후 성공적인 일생을 마감했다. 한 시대를 환하게 비춘 햇빛으로 찬란하게 기억될 것이다. 어둡고 괴로운 역경의 시대에 태어나 반딧불처럼 반짝 비추고 세상을 마감한 32세의 안중근 의사가 여왕과 오버랩되는 이유가 무엇일까. 효창공원에 가보면 아직도 하얼빈에서 유해를 찾지 못해 고국으로 돌아오지 못한 그의 가묘만 쓸쓸한 심정을 안겨준다. 그는 자신이 사형당해 죽거든 시체를 유가족에게 인계하지 못 하게 하고 하얼빈에 묻어 조국이 독립을 찾게 될 때 데려갈 것을 유언으로 남겼다.
　최근에 김훈 소설가는 '하얼빈'이라는 신간을 발간하여 어두운 역사를 빛낸 인물, 안중근을 재조명했다. 안중근은 독실한 천주교 신자로서 침략의 원흉인 이토 히로부미(이등박문)를 만주 하얼빈역에서 저격하여 세상을 발칵 뒤집어 놓았다. 그는 동양 평화라는 명분을 내세워 우리나라의 주권을 빼앗고 힘없는 백성으로만 여겼던 조선의 무명 청년에게 목숨을 잃었다. 안중근은 코레아 후라(대한독립 만세)라고 외치고 당당하게 자신의 신분을 밝히고 체포되었다. 그는 자신이 처형될 것을 알고 그 자리에서 자결할 수 있었지만, 재판과정에서 일제와 세계를 향해 말하고 싶은 기회를 얻고자 살아남았다고 한다. 일본 검사의 신문 과정에서 일제는 조선 청년이 이토의 동양 평화 정책을 반대하기보다 무지로 인한 오해로 단순하게 그런 범행을 저지른 것으로 정치성을 배제하고자 했다. 안중근은 법정에서 분명히 자신의 소신을 밝혔다.

내가 이토를 죽인 까닭은 이토를 죽인 이유를 발표하기 위해서다. 오늘 기회를 얻었으므로 말하겠다. 나는 한국 독립전쟁의 의병 참모 중장 자격으로 하얼빈에서 이토를 죽였다. 그러므로 이 법정에 끌려 나온 것은 전쟁에서 포로기 되었기 때문이다. 나는 자객으로서 신문을 받을 이유가 없다. 이토가 한국통감이 된 이래 무력으로 한국 평화를 협박하여 을사년 5개 조약, 정미년 7개 조약을 체결하였다. 이것을 알기 때문에 한국에서 의병이 일어나 싸우고 있고 일본 군대가 진압하고 있다. 이것이야말로 일본과 한국의 전쟁이라 하지 않을 수 없다.

— 김훈 소설 『하얼빈』 중에서

안중근의 논리정연한 범행 동기를 듣고 재판정은 놀라움을 나타내고 더 이상 깊이 들어가면 곤란해질 것 같아 방청객들을 모두 나가게 했다.

사형집행을 앞두고 안중근은 '안응칠 역사'라는 자서전을 남겼고 '동양 평화론'이라는 원고 집필 중 마무리하지 못하고 형장의 이슬로 사라졌다. 일제는 안중근이 원고 집필을 끝낼 때까지 형 집행을 보류해 주는 조건으로 상급법원에 항소하지 않겠다는 약속을 어기고 서둘러 죽음에 이르게 했다. 그가 써 내려간 자서전인 '안응칠 역사'는 한문으로 쓰여 전문가가 아니면 해독하기 어려웠다. 남산에 있는 '안중근 의사 기념관'에 비치된 친필 원고는 인쇄한 듯 손으로 쓴 한자가 반듯반듯 정갈했고 명필로 여겨졌다. 그는 황해도 해주 땅에서 1879년에 태어나 토호 세력인 부친 밑에서 한학을 익혔고 하인으로 고용된 포수 밑에서 총 쏘는 법이나 말타기도 배웠다. 당시에 일부 동학군이 마을을 습격하여 피해를 줄 때 16세 된 그는 토벌대를 이끌고 지휘관 역할도 훌륭히 해냈다. 남산 기념관에서 눈에 띄는 그의 붓글씨 작품을 마주한다.

하루라도 책을 읽지 않으면 입안에 가시가 돋는다 (一日不讀書口中生荊棘)

안중근은 책벌레라는 별명을 얻을 정도로 독서에 열중했고 한양에서 발간되는 신문이나 잡지도 구독하여 국내외 관련 정보를 습득하는데도 게을리하지 않았다. 얼굴도 잘 모르는 이토를 쓰러뜨릴 수 있는 준비된 사람으로 성장하였다. 그의 부모는 아기가 태어날 때 가슴과 배에 일곱

개 검은 점이 있어 북두칠성의 정기를 받았다 해서 아기 이름을 안응칠(安應七)이란 이름으로 짓게 되었다. 그가 천주교 신자로 성장하게 된 배경엔 고향 교회의 선교사로 와 있던 빌렘 신부(한국명: 홍 신부, 프랑스)의 영향이 컸다. 그의 인물됨을 알아본 신부는 그의 세례명을 도마라고 지었다. 그가 사형선고를 받고 복역 중인 여순 감옥에 있는 동안 빌렘 신부가 면회를 와서 마지막 고해성사를 했다.

제가 이토의 목숨을 없앤 것은 죄일 수 있겠지만 이토의 작용을 없앤 것은 죄가 아닐 것입니다. 제가 재판에서 이토를 죽인 까닭을 말할 수 있었던 것은 저의 복이고 이토가 살아 있을 때 이토에게 말하지 못한 것은 저의 불운입니다. 신부님

너의 말은 다만 말일 뿐이다. 인간의 행위는 몸과 마음으로 분리되지 않는다. 너의 말은 뉘우치는 자의 마음이 아니다. 너는 너의 마음의 진실을 말하라. 뉘우침의 힘으로 새로워져라.

- 김훈 소설 『하얼빈』 중에서

빌렘 신부는 성경 십계명 중 제6계명인 '살인하지 말라' 는 계명을 어긴 것에 대해 끝까지 추궁했다. 명동 성당을 완공시킨(1898년) 프랑스 선교사인 뮈텔 주교는 빌렘 신부가 안중근에게 고해성사를 위해 출장을 신청했지만 허락지 않았다. 안중근은 분명히 천주교 교리를 배신한

것으로 간주했기 때문이다. 그러니 이를 어기고 빌렘 신부는 출장을 강행하여 뮈텔 주교와 불화를 빚었다. 안중근은 사형집행을 앞둔 시점에서 빌렘 신부에 대한 고마움을 전한 서신이 남산 기념관에 자료로 남겨 있었다.

    홍 신부 전상서
    예수님을 찬미합니다. 자애로우신 신부님이시여. 저에게 처음으로 영세를 주시고 또한 마지막에는 많은 노고에도 불구하시고 이와 같은 곳에 특별히 내임하시어 친히 모든 성사를 베풀어 주신 그 은혜를 어찌 말로 다 사례할 수 있겠습니까. 감히 바라옵건대 죄인을 잊지 마시고 주님 앞에 기도를 바쳐 주시옵고 죄인임을 부끄럽게 생각하는 신부들과 교우 여러분에게도 문안 드려주시고, 아무쪼록 우리가 빨리 천당영복의 땅에서 기쁘게 다시 만나게 되는 날을 기다린다는 뜻으로 전해 주십시오, 그리고 주교님에게도 상서하였으니 그리 아시기 바랍니다. 끝으로 자애로우신 나의 신부님이여. 저를 잊지 마시기를 바라며 저도 또한 결코 잊지 않겠습니다.

                        - 1910년 경술 2월 15일 죄인 도마 올림

    안중근 의사는 천주교 신자로서 십계명에 있는 살인죄를 생각하며 고민하거나 갈등했을 것이다. 그러나 대의를 위하여 이토를 처단하기로 결심하고 하느님께 용서를 빌었으리라. 나도 신앙인으로 살인하지 말라는 계명을 두고 단순한 문자적 해석보다 하느님의 가르침의 본뜻을 찾아 적용하는 것이 더 중요치 않나 싶다. 나라가 위기에 처했을 때 이름도 없이 빛도 없이 죽어간 수많은 사람의 희생을 생각한다. 안중근이 만약 거사에 실패했다면 역시 무명인으로 사라지고 말지 않았을까. 알게 모르게 역사를 밝힌 작은 반딧불들이 존재했기에 오늘의 우리는 지구촌의 부러운 나라의 한 선진국으로 발돋움했다. 이제 다시 한번 순국선열들의 헌신에 머리 숙여 임들 앞에 명복을 빌게 된다.

암흑물질

암흑물질이란 우주를 구성하고 있는 것으로 추정되는 아직 알려지지 않은 물질을 말한다. 우주 전체를 100이라고 봤을 때 수소, 헬륨 등 원소로 이뤄진 인류가 알고 있는 우주는 전체 우주의 4%에 불과하다. 나머지 96%는 암흑 에너지(73%)와 암흑 물질(23%)로 이뤄져 있다고 과학자들은 추정하고 있다.

코로나가 시작되기 전만 해도 동네 문화센터에 나가 수강도 하고 문화유적 답사팀에 가입하여 열심히 쫓아다녔다. 지적 호기심이 강한 나는 역사적 배경지식이나 건축 구조 등 심도 있게 들어가 공부하기를 즐겨 했다. 유홍준의 문화유산 답사기도 빠짐없이 읽었고 서울시에서 발행하는 '서울 사랑' 잡지도 구독했다. 경복궁을 비롯한 고궁은 모두 다녀온 것은 물론이고 궁금한 것은 인터넷을 통해 조사했다. KBS가 매주 방영하는 '걸어서 세계 속으로' 프로나 EBS 세계 테마기행도 놓치지 않고 시청하였고 흥미가 당기는 녹화도 해 두었다. 가장 아쉬운 점은 내가 여자인 탓에 용기가 부족해 가 보고 싶은 곳이 있어도 혼자 나서기가 쉽잖았다. 남편은 가게를 운영하는 탓에 언제나 시간이 없어 함께 동행하기란 무리였다. 코로나 이전엔 그런대로 혼자만의 취향저격에 따라 잘 지냈으나 사회적 거리두기나 밀집된 장소에 갈 수 없다는 제한 때문에 거의 3년 동안 답답한 집안에 갇혀 지낸 편이었다. 사람은 카페에 앉아서 시간 가는 줄 모르고 수다도 떨어야 하고 스포츠 센터에 나가 수영도 즐겨야 하고 국내외 여행도 싸돌아다녀야 제대로 사는 맛을 느낀다고 할까. 무인도에 표류하여 생존기를 그린 캐스트 어웨이란 영화에서 주인공이 해변에 밀려온 배구공에 사람의 얼굴을 그려 놓고 친구처럼 대화하며 지낼 수 없었다면 아마 우울증에 걸리지 않았을까. 내게도 우선 생활의 리듬을 잃고 나니 잠이 달아났다. 하루 2시간 정도 자고 나면 그다음부터 뜬 눈으로 지내야 했다. 책을 보려고 펼치면 글씨가 눈에 들어오지 않고 머릿속으로 집중이 안 되었다. 우리 부부는 서로 편하게 지내기 위해 각자의 방을 사용하지만, 밤중에 텔레비전 켜는 것도 싫어졌다.

 불면증으로 시달리고 하루를 보내기란 지옥이었다. 과학자들은 잠이 인지기능에 얼마나 큰 영향을 미치는지 꿀벌들의 사례를 들었다. 잠을 충분히 잔 꿀벌은 꽃이 어디에 피어 있는지 정보를 전달할 때 꼬리를 흔들며 춤출 때 아주 활발했다. 잠을 제대로 못 잔 벌은 다른 동료들이 잘 알아듣지 못할 정도로 춤동작이 미약하다고 했다. 억지로 잠을 청할 수 없어 수면제를 먹어 봐도 여전히 효과가 나타나지 않는다. 결국 포기하고 아침을 맞이하면 최악의 컨디션으로 지내다 보면 우울증이 따라온다. 사는 게 전혀 재미도 없고 기쁘지 않다. 낮에 남편을 도와주러 가게에 나가야 하지만 그럴 힘도 없다. 다시 방 안에 들어가 억지로 한숨 붙여보려고 하지만 정신만 말똥말똥하다. 햇볕이 잘 들지 않는 단독 주택의 방 안 분위기가 낯설게 느껴지고 때론 무서움증이 든다.

중학 시절부터 단짝 친구이고 가장 나와 마음이 통하는 50년 지기가 나의 유일한 소통 창구이다. 남편과 시집간 두 딸에게도 나의 고통스러운 마음을 솔직히 털어 넣기가 자존심이 허락지 않는다. 나의 가장 큰 소원은 내가 몹쓸 병에 걸려 가족들에게 폐를 끼치지 않고 사는 것이다. 친구에게 고민을 털어놓으니 자신이 다니는 교회에 와서 목사님과 상담도 하고 예배에 참석해 보기를 권유했다. 물에 빠진 사람이 지푸라기라도 잡는 심정이니 친구를 만나 교회를 찾았다. 미션 계통 학교에서 교편을 잡은 탓에 기독교를 잘 알고 있지만 거의 믿지 않는 상태로 평생을 보냈다. 내가 전도까지 한 친구는 오히려 신실한 크리스천으로 중직자 직분까지 맡아 하며 금년에 은퇴를 앞두고 있다. 그러고 보면 나는 먹고사는 생업에만 매달려 남편과 더불어 여유 없는 시간을 보낸 반면에 친구의 현재 처지가 부럽게 여겨진다. 찬송가를 부르고 주기도문을 외우고 회개의 기도를 하고 마침내 목사님의 설교 말씀이 시작된다. 그런데도 내겐 전혀 말씀이 와닿지 않고 공허하게만 들려 온다. 친구는 틈나는 대로 성경책 읽기를 권했지만 나로선 실천하기가 어려웠다. 친구의 말대로 믿음도 하나님의 선물인 듯싶다.

하루하루가 수면 부족으로 몽롱한 의식 속에 지내다 보니 이러다간 큰일 나겠다 싶어 종합 병원에 가니 우선 뇌파검사를 해보자고 하여 일주일 후로 예약을 했다. 만약 검사 결과가 나오고 의사의 진단이 절망적으로 나오면 어떡하나 싶어 걱정이 앞선다. 요즘 들어 기억력도 떨어지는 것 같고 혹시 내가 치매 단계에 오지 않았나 하는 불안감도 스멀스멀 자리 잡는다. 아닌 게 아니라 혼자 산책하러 나가고 싶어도 길을 잘못 들어 집에 돌아오지 못할 것 같은 생각에 절로 포기가 된다. 언니가 내게 전화를 자주 하지만 같은 내용을 반복하는 걸 보면 결국 치매 초기 증상이 확실했다. 나도 언니처럼 저리되면 어쩌나 싶어 치매에 관련된 인터넷 정보를 모조리 검색하고 자가 진단을 해본다. 아무래도 내게 치매의 어두운 그림자가 나를 덮치기 시작한다는 불안감이 들고 수치심도 생긴다.

밤이 정말 싫다. 불면의 고통이 점점 나를 갉아 먹는 벌레다. 우울증도 깊어진다. 어서 덧없는 세상을 떠나라고 속삭인다. 벌써 수개월째 이어지는 불면의 밤도 재미없는 삶도 싫어진다. 내게 주어진 고통의 감옥을 그만 끝내고 싶다. 병마에도 친구의 충고에도 이제 끌려다니고 싶지 않다. 이 세상 괴로움에서 모두 자유로워지고 싶다. 죽음 뒤에 천국이든 지옥이든 상관없다. 그냥 여태까지 못 잔 잠의 늪에서 편히 쉬고 싶다. 친구여, 이 세상에서 유일한 친구에게 이런 선택을 할 수밖에 없었다고 말하고 싶다. 못난 나를 용서해다오. 내가 할 수 있는 극단적 선택이란 결정은 마지막 신이 내게 주신 축복인 것을.

우리나라의 어느 과학자가 지하 1,000m 동굴을 파고 그 안에서 암흑 물질을 채취해 우주의 비밀을 캐는 실험을 하고 있다는 신문 기사를 최근에 보았다. 아내는 단 하나밖에 없는 친구의 부음을 듣고 부랴부랴 장례식장으로 향하며 울음 섞인 한 마디를 내뱉는다. 나쁜 가시네야, 내게 말 한마디 안 하고 그렇게 떠나갈 수 있어.

인간의 내면세계는 아무리 파고들어도 우주보다 더 깊은 암흑물질이다. 산책길에 동네 담벼락에 페인트 글씨로 크게 쓰인 글귀가 내 발걸음을 멈추게 한다. 개똥밭에 굴러도 이승이 좋다.

삶의 무게 중심

　나이 들면 신체의 각 기관이 파열음을 내는 듯하다. 마트에서 파는 물건에 유통기한이 표시돼 있는 것처럼 생명체도 기대수명이 정해지는 것도 자연의 순리일 것이다. 100세 시대를 산다고 하지만 고령에 이르면 누구나 병원 신세를 지기 마련이다. 최근에 옆지기가 동네 안과에 들렀더니 의사가 검사 후 황반변성이란 진단을 내리고 빨리 큰 병원으로 가 보라고 했다. 안과 질환 중에 백내장이나 녹내장은 들어 봤지만 황반변성은 조금 생소한 병명이었다. 망막 안쪽에 무슨 이상이 생겨 자칫하면 실명 위기에 이른다는 위험성까지 있단다.
　유명한 종합병원에 가보면 언제나 그렇듯 환자들로 북새통을 이룬다. 진료받기 위한 예약도 힘들고 이름난 의사의 경우는 한두 달에서 6개월 이상 기다려야 하는 실정이다. 겨우 딸의 도움으로 서울아산병원에 진료 날짜가 잡혀 아내와 동행했다. 안과 환자들도 왜 그리 많을까 싶다. 신체 여러 부위중 중요하지 않은 게 없지만 눈은 우리몸에 등불과 같으니 평소에도 시각 장애인을 보면 얼마나 힘들고 불편할까 하는 생각이 들었다. 시력검사를 비롯한 대여섯 가지 정밀검사가 끝난 뒤에야 담당의사의 소견을 들을 수 있었다. 의사의 권위는 환자에게 절대적이다. 그의 한 마디에 희비가 엇갈린다. 컴퓨터를 앞에 두고 여러 검사 결과를 종합한 자료를 살펴보고 퉁명스럽게 얘기한다. 근시가 오래 동안 진행돼 시력이 나빠진 것이고 황반변성은 아니라고 했다. 일 년 뒤에 다시 와보라고 할 뿐 아무런 약 처방도 없다. 그렇다면 동네 안과 의사는 오진을 한 게 틀림없지만 무슨 항의를 하기보다 우선 위험한 병이 아니라는 확진에 안도하며 감사할 뿐이었다.

노년의 빼놓을 수 없는 일과중 하나가 병원을 들락거리는 일이 아닐 수 없다. 사람들이 우스갯소리로 젊어 부지런히 돈 벌어 늙어선 그 돈을 병원비로 다 쓰게 된다고 한다. 그래도 병원과 약국이 아니면 어찌 기대수명을 채울 수 있을까 싶다. 난데없는 코로나 팬데믹으로 확진자수가 폭증하고 전 인구의 네 명 중 한 명(약 25%)이 앓는 셈이다. 사망자수도 최근에 하루 평균 수백명에 이르다 보니 화장장도 만원이고 삼일장이 어렵다고 한다. 시체 안치실도 부족하여 시신을 상온에 방치하여 부패가 되는 사례도 발견되었다. 역병에 감염되어 허망한 죽음도 억울하고 슬프지만 품위 있는 마지막도 어려워진 현실이 안타깝다.

코로나19가 아니더라도 원하지 않는 죽음은 일상이 된 듯하다. 기대수명을 다 마치고 자연사하는 사람들 이외도 암 같은 질병이나 교통사고를 비롯한 사건 사고, 자살 등 하루에도 수많은 사망자가 이 세상을 떠나가고 있다. 메멘토 모리(죽음을 기억하라). 죽음은 결코 나와 멀리 있는 게 아니라 내 가까이 와 있다는 걸 실감케 하는 요즘이 아닐 수 없다. 사람들이 아까운 시간과 경비를 들여 병원에 다니며 건강을 지키려 하는 노력에 비해 어느 날 갑자기 찾아 온 죽음은 허탈감에 젖게 한다.

어쩔 수 없는 죽음에 집중하기보다 무게 중심을 삶에 두고, 장수에 집중하기보다 행복한 삶을 추구하는 일이 현명해 보인다. 아무리 오래 산다하여도 노후 대비가 안 돼 있으면 오히려 축복이 아니라 재앙이 될 수 있다는 어느 전문가의 견해에 고갤 끄덕이게 만든다. 첫째, 한 살이라도 젊을 때 부지런히 돈을 모아 환갑 이후 남에게 아쉬운 소리 안 할 정도는 돼야 한다. 21세기에 진정한 자식 사랑은 노후에 자식에게 부담되지 않는 것이다. 둘째, 기대수명 못지않게 건강수명이 중요함을 깨달아야 한다. 지식, 돈, 명예, 권력도 건강이 뒷받침될 때 그 가치가 빛난다. 셋째, 행복을 추구하는 지혜가 필요하다. 사람은 기본적인 욕구를 충족하고 나면 물질적인 풍요만으로 행복을 느끼기 어렵다. 바라는 바를 낮추고 가진 것에 감사하며 남과 나누고 배려하는 삶이 진정 행복에 이르는 방법이다. 마지막으로 배우는 기쁨이 중요하다. 급변하는 세상에 배우지 않고선 쫓아가기도 힘들거니와 비록 생활에 꼭 도움이 안 된다 해도 배움 그 자체가 즐거움이 된다.

남은 삶을 행복하게 보내는 노력이 무척 중요하게 여겨진다. 마음을 비우고 단순하게 느림의 삶을 추구하고 싶어도 다시 채우려 들고 복잡한 삶에 휘말려 주체성을 잃게 된다. 아무리 좋은 생각을 지니고 있다 하더라도 실천하지 못하면 아무 소용이 없다. '어느 날 멀쩡하던 행거가 무너졌다'라는 책의 저자인 이혜림(1965년-)은 미니멀리스트(minimalist)

이다. 대학교 4학년 때부터 미니멀 라이프를 실천했다는 작가는 결혼후 2년만에 직장을 그만두고 일 년 동안 세계여행을 떠났다. 언제 어디서든 떠나고 싶으면 떠나고 머물고 싶으면 머물면서 자유롭게 사는 인생을 꿈꾸고 실천하였다. 그는 '우린 인생의 즐거움을 위해 여행을 선택했고 행복한 인생에 필요한 물건은 그리 많지 않았다. 결국 무게 중심을 어디에 두고 살아야 하는지가 중요했다. 일 년간 옷과 신발을 사지 않는 노 쇼핑을 해보니 내가 지금 가진 것으로 이미 충분하다고 생각하니까 뭘 사고 싶은 생각이 안 났다. 지금까지 정말 필요해서 쇼핑을 한 게 아니라 습관처럼 무의식적으로 구매했다. 지금 이 순간 이게 나에게 꼭 필요한가? 내가 정말 좋아하는 건가 고민하면서 취사선택하는 것이 미니멀 라이프의 본질이라고 여겼다.' 작가처럼 확고한 의지를 갖고 최소한의 소유로 최대의 효과를 이루려는 사고방식은 얼마나 본받고 싶은 일이다. 그러나 신념을 실천하는 용기와 결단은 결코 쉽지 않은 듯하다. 누구나 그럴 수 있겠지만 내게도 미니멀 라이프의 첫단계인 물건의 정리정돈이 잘 되지 않는다. 책꽂이가 모자라 넘쳐나는 책들을 어떻게 정리해야 할지 쌓아두고 지낸다. 장롱 설합에 가득찬 사진첩도 어찌하지 못하고 내버려 둔다. 초등학교 시절부터 써 온 일기장도 먼지가 앉고 두 아이들의 일기 노트, 상장 등도 마찬가지이다. 아파트에서 매주 한 번씩 재활용 처리의 날에 꼭 보관해야할 책이 아니거나 중요도가 떨어진 것은 과감하게 버리고 있지만 좀처럼 서가가 비워지질 않는다. 무엇보다 나의 저서인 수필집이나 시집은 보물처럼 여기지만 자녀들에겐 귀찮은 유물로 천덕꾸러기가 되지 않을까 입맛이 씁쓰레하다. 단순한 삶을 위해 물건만 아니라 시간낭비나 하게 되는 인간관계도 정리해야 할 단계가 아닌 듯싶다.

언제나 명경지수明鏡止水같은 마음가짐을 다짐한들 어느새 삶의 무게 중심이 흐트러질 때가 많다. 어쨌거나 연약한 나의 실존을 탓할 수밖에 없다.

피의 군주, 이방원

청계천에 가면 광통교가 나온다. 이 다리는 태종(조선 3대 왕)때 최초로 놓인 석조 다리로 국력이 광대하게 뻗어나가길 원하는 뜻을 담았다. 당시에 홍수가 나서 다리 보수 공사를 하는 일에 많은 석재가 필요했다. 태종은 자신이 왕위에 오를 때까지 몹시 시달림을 당하고 죽음의 위협에 내몰리게 한 신덕왕후 강씨(계모)에 대한 원한을 지니고 있었다. 정릉에 자리한 왕비의 무덤에서 병풍석이나 정자각 석물을 파헤쳐 이 곳 다리 놓는 데 사용케 했다. 백성들이 그 다리를 밟고 지나다니는 것으로 가슴에 응어리진 분노를 달래고자 했다.

부왕인 이성계가 둘째 부인으로 맞이한 계모 강씨는 명문 사대부 집안으로 뛰어난 미모를 지녔다. 어느 날 이성계가 사냥 중에 목이 몹시 말라 우물가를 찾았는데 웬 여인이 바가지에 물을 떠 주며 버들잎을 띄워 놓는다. 그는 한입에 물을 벌컥벌컥 마시고 싶었지만 버들잎이 거추장스러웠다. 여인에게 역정을 냈더니 그렇지 않으면 물에 체할 수 있다고 일러 준다. 그는 여인의 지혜로움과 외모에 반해 청혼에 이르게 되었다. 이성계가 조선을 세우는 과정에서 용기를 북돋아 주고 힘이 되어 일등 공신의 조력자 역할을 했다. 둘 사이에 태어난 자녀들 중 둘째(방석)을 세자로 책봉 받게 할 만큼 정치적 수완도 대단했다. 본부인 사이에 난 여섯 명의 아들 중 다섯째인 이방원이 자신의 가장 큰 위협으로 여길 만큼 돌아가는 정세에도 밝았다. 이방원이 자신과 세자를 가만 놔 두지 않을 것으로 예측하고 그를 굶주린 맹수처럼 위험 인물로 여겼다. 부왕이 계모에게 푹 빠져 전처 자식들을 노골적으로 홀대하였다. 그런 탓에 태종은 왕비가 병으로 일찍 죽었지만 청계천 광통교를 통해 그의 분풀이를 할 만큼 트라우마가 대단했다.

이방원의 부자 관계도 불화의 끝판왕인 듯싶다. 이성계는 위화도 회군으로 권력을 손에 쥐었지만 왕위까지는 넘보지 않은 듯했다. 그 중심에 고려말 충신인 포은 정몽주와 이방원이 있었다. 이성계는 자신의 두 기둥으로 포은과 삼봉(정도전)을 끝까지 곁에 두고자 했다. 포은과 삼봉은 다 같이 목은 이색의 제자로 가까운 사이지만 사고방식은 달랐다. 포은과 이방원은 스승과 제자로 만났어도 동상이몽이었다. 포은이 이성계 일파를 제거하려 할 때 이방원은 자칫 잘못하면 자신의 가문이 역적으로 몰려 멸문지화를 당할 것을 염려하여 위기의식을 느낀다. 그는 아버지와 한 마디 상의도 없이 포은 선생을 개성 선죽교에서 부하를 시켜 철퇴로 내리치고 목을 잘라 효수케 한다. 이 사실을 나중에 보고 받은 이성계는 노발대발하여 방원을 비롯한 여섯 명의 자식들을 자신의 왕위 즉위식에도 참여치 못하게 하고 집안에 발도 들여놓지 못하게 한다.

이방원은 왕으로서 유일하게 과거시험에 합격한 분으로 성리학에도 밝은 실력자 임이 알려졌다. 그는 마지막으로 포은 선생의 진심을 알고자 자신의 잔치집에서 주고 받았다는 시조가 전해져 온다.

이런들 어떠하리 저런들 어떠하리
만수산 드렁칡이 얽혀진들 어떠하리
우리도 이같이 얽혀져 백년까지 누리리라

- 이방원,『하여가』

이 몸이 죽고 죽어 일백번 고쳐 죽어
백골이 진토 되어 넋이라도 있고 없고
임 향한 일편단심이야 가실 줄이 있으랴

- 정몽주,『단심가』

계모를 향한 이방원의 끓어오르는 분노가 식을 줄 모른다. 제1차 왕자의 난을 일으켜 이복형제이고 세자인 방석과 방번 형제를 죽이고 개국공신인 삼봉 정도전도 함께 제거해 버린다. 삼봉은 혁명가로서 조선개국의 뛰어난 설계자이었지만 정세 판단을 잘못했는지 신덕왕후 강씨와 세자 편에 서는 바람에 비극적 최후를 맞이했다. 제2차 왕자의 난으로 마지막 위기를 맞이했지만 바로 윗형인 방간을 죽이지는 않고 유배형으로 그쳤다. 동복형제는 결코 죽이지 않겠다는 방원의 인간적 배려 덕분이었다. 마침내 형식적으로 내세운 정종에 이어 왕위에 오른 태종은 아버지와 불화가 계속된다. 아들이 골육상잔을 일으키고 왕위를 차지한 것에 대한 분노가 가득 찬 태조는 궁궐을 버리고 멀리 자신의 고향인 함흥으로 떠나 버린다. 이러한 아버지를 한양으로 모셔 오기 위해 태종은 무던 애를 썼다. 여러 번 관리들을 파견했으나 듣지 않고 오히려 그들을 활로 쏘아 죽인 탓에 소식이 끊겨 버려 나중에 함흥차사咸興差使란 말이 생겨났다. 결국 태조를 설득하여 한양으로 모시고 오는 데 성공한 분은 개국공신인 무학대사라고 한다. 그는 태조를 도와 조선을 세우는데 심리적으로 큰 영향을 끼쳤지만 일체의 부귀영화를 거절하고 조용히 자신의 길로 떠났다,

우리말 속담에 화장실 갈 때 마음과 나올 때 마음이 다르다고 하듯 방원 부부의 금슬은 아주 좋았다. 그러나 원경왕후가 된 민씨는 태종이 자신을 소홀히 대하고 후궁들과 가깝게 지내는 것에 투기심을 억누르지 못했다. 지나친 왕비의 질투에 화를 낼 수 밖에 없었던 태종은 왕위에 오르기까지 그녀의 공로를 생각하여 차마 폐서인은 못 시키고 참아냈다. 다만 처남인 민무구 형제들은 가차 없이 모두 제거해 버렸다. 태종이 여색을 밝혔다기보다 외척 세력들을 견제하기 위해 많은 후궁들을 거느렸다. 그러나 여인의 사랑에 대한 욕구는 예나 이제나 절제하기가 힘들고 심하면 분노의 불길로 타오르는 탓에 불행한 결과를 낳고 만다.

아마 태종의 결단이 없었더라면 태조의 힘만으로 고려를 무너뜨리고 역성혁명을 완수하지 못했을 터이다. 피의 화신으로 여겨지는 군주지만

그에 대한 평가는 올해로 서거 600주년을 맞이하여 재평가되고 있다. 그의 자녀들(양녕, 효령, 충녕, 성녕대군)중 이미 세자로 책봉된 양녕대군을 폐하고 셋째인 충녕 대군을 세자로 삼아 자신의 뒤를 잇게 한 최고의 선택이 돋보인다. 악역을 감당하고 개국 초기의 통치 기반을 튼튼히 함으로 세종이 치세하는 데 모든 걸림돌을 제거했다. 왕의 자리에서 물러나 있는 동안에도 군권을 손에 쥐고 세종의 장인 되는 영의정 심온 마저 제거하기에 이른다. 성군의 꿈을 충녕대군에게 두고 최선을 다한 결과로 기대에 어긋나지 않고 전화위복의 군주로 성공할 수 있었다. 위대한 세종대왕을 탄생시킨 태종의 혜안이 참으로 놀랍기만 하고 이것이 우리 민족의 역사를 통틀어 가장 자랑스런 업적을 가져다준 결과가 되었다.

제20대 대통령 선거일이 얼마 남지 않았다. 나라와 민족을 사랑하고 비전을 제시하 는 참된 지도자가 탄생하기를 바라는 마음이 간절하다.

제주 신앙 순례

 내가 다니고 있는 교회의 신앙 순례 일행을 따라 맨 먼저 찾은 일정이 제주시에 자리한 관덕정觀德亭이란 건물이었다. 이곳은 당시의 제주목 관아의 부속건물로 관덕정 의미가 '활을 잘 쏘는 것이 높고 훌륭한 덕을 쌓는다'것으로 무술연마를 강조한 듯하다. 바로 천주교인 317명이 죽임을 당한 채 널브러진 비극의 현장이었다. 사건의 개요를 해설사에게 들어 보니 이재수의 난과 관련된 곳으로 천주교 선교 과정에서 일어난 안타까운 역사가 아닐 수 없었다.
 강화도에서 병인박해 때 천주교 신부들의 피해를 이유로 병인양요(1866년)를 일으킨 프랑스 함대는 고종 황제로부터 일종의 치외법권을 얻어냈다. 곧 프랑스 신부를 대할 때 '나(황제)를 대하듯 하라'는 내용이었다. 프랑스 신부가 제주에서 선교 활동을 할 때 천주교인들에게 특권을 주어 세금 면제를 해 주는가 하면 관청에 붙들려가도 면책특권을 주어 석방해 주었다. 가장 나쁜 것은 관리들이 양민에게 세금수탈을 하는

데 적극 가담하여 많은 원성을 사기도 했다. 이를 참다못한 서민들의 분노가 폭발하여 이재수를 지휘자로 삼고 제주 관아를 습격하여 숨어 있던 천주교도들을 닥치는대로 잡아 죽였다. 그는 원래 이름 없는 관노 출신으로 불의를 참지 못하고 민란에 앞장섰다. 결국 4년 만에 24세 청년 이재수는 무고한 양민이 희생되는 것을 막기 위해 스스로 무기를 버리고 자수하여 한양으로 압송된 채 사형을 당했다. 마치 전봉준이 고부 군수 조병갑의 횡포를 보다 못해 동학란에 앞장섰지만 실패하고 체포돼 한양으로 압송된 사건을 생각나게 했다. 천주교 역사에 이 사건을 일컬어 신축교안(1901년)이라고 기록 되었다.

다시 한번 관덕정 뜨락에서 종교란 무엇인가에 대하여 회의를 품게 한다. 이천여년전 예수님이 십자가에서 죽임을 당하고 인류에게 빛으로 오셔서 서로 사랑하라고 가르쳤지만 잘못된 교리가 오히려 엄청난 피해를 주고 있는 현실이다. 종교가 악마처럼 바뀌는 현상은 얼마나 무서우랴. 이슬람교에선 만약 가족 중에 기독교를 믿으면 출교 당하여 그를 죽여도 아무런 보호를 받지 못한다. 오히려 배교자를 죽인 자는 신의 뜻을 수행한 자로 존경 받고 명예살인이라 인정받는다. 폭탄을 자신의 몸에 짊어지고 건물 테러를 일으킨 자도 순교자로 존경받는다. 현재 가자지구에서 벌어지고 있는 이스라엘과 팔레스타인간의 전쟁도 종교가 원인이 되고 있다. 세계 2차 대전 때 히틀러가 600만 유대인을 학살한 홀로코스트의 죄악도 유대 민족이 예수 그리스도를 십자가에 못 박았다는 마르틴 루터의 주장이 그에게 종교적 명분을 제공했다.

우리나라의 기독교 전파는 특이하게 외국 선교사가 들어와 직접 활동하지 않고 평민들이 신앙공동체를 자발적으로 이루어 신앙심을 키워 나갔다. 제주에서 기독교의 복음화 역사도 백 년이 넘은 금성교회를 비롯한 성내교회, 성안교회, 모슬포 교회, 대정교회에서도 그 예를 찾아볼 수 있다. 한 알의 밀이 된 인물로 금성교회의 조봉호와 이기풍 선교사, 성내교회와 성안교회의 김재원, 대정교회의 이도종 목사 등이 그렇다.

대정교회의 설립자인 이도종 목사는 제주 출신 1호 목사이면서 제1호 순교자로 기록 되었다. 그는 독립운동가로 군자금 모금에도 관여하였고 결국 제주 4,3 사건에 희생된 분이었다. 그의 무덤이 묘비와 함께 교회 뜨락에 자리하고 있어 더욱 존경심을 갖게 한다.

천주교 성지인 용수리 포구에 김대건 신부와 관련된 제주 표착 기념 성당과 기념관이 세워져 있었다. 그는 중국 상해에서 제물포로 항해 도중 풍랑을 만나 일행 13명이 이곳 용수리 포구에 표착한 것으로 알려졌다. 그는 24세 때 사제 서품을 받고 25세에 당국에 체포되어 서울 새남터에서 참수형을 당해 순교하였다. 어렵게 해외유학을 통해 신학을 공부하고 최초의 천주교 신부가 됐지만 사역도 제대로 해보지 못하고 아깝게 목숨을 잃었다. 그런 김대건 신부를 위로하듯 최근에 로마 교황청에 한국의 성인으로 추앙되어 그의 동상이 바티칸 성당 외벽에 설치되었다.

모슬포 교회는 다른 교회와 드물게 모범적으로 역사관을 따로 세워 박물관처럼 내외부 각종 사료를 체계적으로 정리하여 잘 보존하고 있었다. 그중에도 서서평 간호사는 독일계 미국인으로 1912년에 32세 때 우리나라의 의료 선교사로 건너와 이곳 모슬포 교회에도 흔적을 남겼다. 광주 기독병원에서 22년 간호사 생활을 하면서 보리밥에 된장국을 먹고 한복을 입고 고무신을 신는 등 우리 한국문화에 적응했다. 결국 54세로 풍토병을 앓다가 세상을 떠났지만 시신을 의학 연구용으로 기증했기 때문에 묘비도 없는 분이 되었다. 그녀는 우리나라 최초의 간호사협회를 조직하기도 했다. 서서평 간호사의 침대 머리맡에 쓰인 좌우명이 '성공이 아니라 섬김입니다'라는 글귀에서 온전하게 예수님의 제자로 섬김의 삶을 살다간 맑고 향기로운 선교사이었다.

새미 은총의 동산은 프랑스 신부가 예수님의 공생애 테마들과 십자가의 길 14처를 청동 동상으로 제작하여 만든 한국형 비아돌로로사인 듯 했다. 숲과 호수가 있는 산책로를 따라 묵상하며 예수님의 수난의 현장을 실감 나게 표현해 구원의 은총과 경건한 믿음의 자세를 가다듬게 했다. 또한 이곳은 세계에서 가장 큰 규모의 복음 테마공원이라고 한다.

본토에서 멀리 떨어진 척박한 제주 섬에 복음의 씨앗을 전하며 한 알의 밀이 된 신앙 선배들과 외국인 선교사들의 사랑의 수고를 가슴으로 새긴다. 어쩌면 대한민국이 세계가 부러워하는 나라로 발돋움한 것도 일찍이 선각자들이 진리를 받아들이고 실천한 덕분이 아닐까 싶다.

자유로운 삶

서산 너머로 다시 하루 해가 지고 저녁 어스름이 찾아든다. 한 페이지의 책장을 넘기듯 해는 변함없이 제 할 일을 마치고 노을을 남긴다. 인생이 한 권의 책이라면 읽어야 할 마지막 부분만 내게 남았다. 나는 나대로 과연 나답게 잘 살았을까. 이런 질문 속에 '도시인의 월든'이란 책 안으로 들어간다.

저자 박혜윤은 서울대학교 영문학과를 졸업하고 4년간 동아일보 기자로 일하다가 미국으로 건너간 후 워싱턴 대학에서 박사학위를 받았다. 이쯤 되면 대학교수가 된다든지 사회적으로 반듯한 직장을 갖고 안락한 삶을 누릴 법한데 가족들과 함께 미국 북서부의 시골 마을로 들어가서 살고 있다. 50대에 가까운 나이임에도 남편도 직장을 그만두고 수영장에서 아르바이트 일이나 하며 그들 가족은 8년째 살아간다. 저자는 하버드 대학을 졸업하고 월든 호숫가에서 오두막집을 짓고 2년간 살아냈던 헨리 데이빗 소로(1817년-1862년)의 실험적 삶을 롤 모델로 삼았다고 한다. 도시생활에 지친 사람들이 산골 오지에 들어가서 자연인으로 살아가는 프로가 요즘 티.브이에 자주 방영된다. 그들은 인생의 전반부를 잘못 살았다고 후회하면서 저마다 트라우마를 지닌 채 홀로 살아가는 것 같다. 그런데 박혜윤 씨 가족은 도시 문명이나 사회적 지위를 포기하고 불편하기 짝이 없는 시골 오지 생활을 꾸려나가면서도 행복을 느낀다.

저자의 교육이나 배움에 대한 생각은 아주 독특한 면이 있다. 자녀 교육에 보통 사람들처럼 유난을 떨지 않고 내버려둔다. 자식을 향한 기대나 요구는 전혀 하지 않는다. 자식을 사회에 이바지하는 인물로 키울 것인가 혹은 아이의 본성대로 하루하루 즐겁게 사는 인간으로 키울 것인가는 개인의 선택에 달려 있다고 여긴다. 그것이 바로 현대사회에서 개인으로 산다는 것이라고 강조한다. 어떤 세계관과 인간관을 가지느냐는 옳고 그름의 문제가 아니라 그야말로 선택의 문제라고 한다. 우리가 어렸을 때 부모님이나 선생님의 충고는 한결같이 사람은 모름지기 쓸모있는 인간으로 성장해야 한다는 말씀이었다. 저자가 동아일보 기자 생활을 할 때 사무직에서 더 발전할 수 있는 취재부 기자로 발령이 났는데도 그만두고 대학원 박사학위를 마치고 연구자나 교수가 되는 일도 쉽게 포기했다. 이유는 언제나 아무 것도 되고 싶지 않다는 욕구가 앞섰기 때문이다. 자신이 위치한 곳에서 생생하게 펼쳐지는 삶과 자연을 있는 그대로 이해하고 참다운 자기 자신이 되기를 원했다. '나는 그냥 나다'라는 말을 좋아했다. 숲속에서 직업 없이 두 아이를 키우며 되는대로 살아갈 때 주변 사람들의 시선이 곱지 않고 비난이 와도 그것에 대해 상처를 받거나 무시하거나 반박하지 않고 그냥 나이면 된다는 것으로 위로를 받았다. 저자는 성장 과정에서 엄마가 자신의 외모를 비난할 때 '너는 성격이 그 모양인데 얼굴까지 못 생겼으니 큰 일이다' 라고 한 것은 사실은 내가 얼굴 생김에 신경쓰지 않는 태연함을 나무라셨다고 본다. 그럴 때도 나는 내가 되어야 하는 것은 '예쁜 여자'가 아니라 예쁘지도 않고 못 생기지도 않은 '태연한 여자'가 되는 것이었다.

저자는 극단적으로 가사 일에 대한 자신의 깨달음을 전해 준다. 인간 존재의 핵심은 집안일이라는 것, 먹고 자고 싸는 건 끊임없이 준비하고 뒤를 치워야 하기 때문이란다. 이렇게 살다 보니 그녀에게 사회적 지위를 얻거나 큰 발전과 변화를 이루는 일도 가사와 마찬가지로 하찮게 볼 수 있게 됐다. 아이들에게 절대적으로 알아야 할 철학 개념보다 설거지를 잘하도록 가르치는 일이 더 중요함을 강조한다. 가족 모두가 집안일이 즐거운 소일거리로 여기도록 그녀가 가정주부로서 주도적으로 이끌어 나갔다.

박혜윤 씨가 이런 삶을 선택하게 된 동기가 전적으로 소로의 '월든'에 있었다. 대학교 다닐 때 읽었던 그 책이 대수롭지 않게 여겨지다가 40대에 이르러 다시 소로의 삶의 방식에 크게 감화를 받았다. 뭐가 되지 않고도 열심히 살아갈 수 있다는 그 이유가 맘에 끌렸다. 되고 싶은 게 아무것도 없는 나를 받아들일 수밖에 없다는 것을 인정하게 해 준 책이었다.

그래도 나는 즐겁게 살아가고 있다. 그러니까 내가 글을 통해 늘

하려는 이야기는 '나로 살아가는 것이다. 그것도 지금 주어진 나의 정신 상태나 주변 환경을 바꾸려고 애쓰지 않는 것이다.

- 박혜윤 저, 『도시인의 월든』 중에서

소로는 미국의 명문 대학을 나와 얼마든지 사회적으로 부러운 직장에 취업하거나 대학교수로 생활할 수 있었을 것이다. 그런데도 그는 획일적인 코스의 삶을 포기하고 자신만의 생활 양식을 찾아 숲속으로 들어가 2년 동안 생활했다. 부모님이나 이웃과 같은 삶을 거부하고 의도적으로 자신만의 인생을 실험해 보고 싶었다. 그는 인생의 본질적인 사실들만을 직면해 보려는 것이었으며 인생이 가르치는 바를 내가 배울 수 있는지 알아보고자 했다. 그의 최종목표는 죽음을 맞이했을 때 내가 헛된 삶을 살았구나 하고 깨닫는 일이 없도록 하기 위함이었다. 그는 삶이 아닌 것을 살지 않으려 했을 만큼 삶의 소중함을 깨닫고 행동했다.

나는 인생을 깊게 살기를, 인생의 모든 골수를 빼먹기를 원했으며 강인하고 스파르타인처럼 살아, 삶이 아닌 것을 모두 때려 엎기를 원했다.

- 소로 저, 『월든』 중에서

소로는 우리들의 내부에 있는 신대륙과 신세계를 발견하는 콜럼버스가 되라고 권유한다.

　세상 사람들의 기준에 따라 살지 않고 새로운 방식의 삶을 선택하는 건 흔들리지 않는 의지와 용기를 필요로 한다. 나는 53세에 의식주를 위한 직장생활을 마감하고 22년째 잘 놀고 있다. 요즘 뉴스에 젊은이들도 정년퇴직할 때까지 직장에 매이려 하지 않고 10억 정도의 목돈을 모아 40세쯤 직장을 그만두고 자신의 원하는 삶을 즐기며 살고자 하는 트렌드를 소개했다. 시인이 되고자 했던 어린 날의 내 꿈을 내가 이룬 것 같기도 하고 그렇지 못한 것도 같다. 그동안 많은 시집과 수필집을 자비 출판하느라 아까운 돈만 축냈는지 모른다. 한 권의 베스트셀러도 내지 못하고 인기 작가도 되지 못한 채 한국 문단에 회원 자격으로 이름만 올렸다. 그래도 상관없다. 내가 쓰고 싶은 글을 마음껏 쓰고 국내외 여행을 즐기며 천국에 대한 소망으로 신앙생활도 열심히 하고 있는 편이니까. 자유로운 나의 생활 방식에 따라 노년의 삶에 이르렀으니 이제 더는 무엇을 바라고 싶지 않다.

거짓 사회

자세히 보아야 예쁘다/오래 보아야 사랑스럽다 /너도 그렇다

- 나태주 시, 「풀꽃」 전문

 국민시인인 나태주 시인이 내가 사는 동네와 가까운 교회 초청을 받아 최근에 북콘서트를 열었다. 나이는 못 속인다고 70대 후반의 노시인은 아주 차분한 목소리로 이웃집 할아버지처럼 이야기를 풀어나갔다. 우리 사회의 48%가량의 사람들이 우울증 같은 정신질환을 앓고 있고 자신의 부인도 현재 그런 병에 고생 중이란다. 이러한 상황에 많은 시인들이 독자에게 위안을 줄 수 있는 작품을 썼으면 좋겠다고 했다. 사실 그의 대표작인 '풀꽃'도 자신이 교직에 있을 때 아주 밉상인 학생 때문에 탄생된 작품이라고 한다. 대부분의 학생들은 오래 보지 않아도 예쁘고 사랑스러웠지만 그 아이만큼은 정말 자세히 보고 오래 보아야 사랑스런

마음에 가닿을 수 있었다. 어쩌면 내 앞에 사랑스런 애들만 있었다면 결코 '풀꽃' 시는 나오지 않았을 터이니 더이상 이런 마음을 담은 시가 우리 사회에서 폐기될 수 있기를 바란다고 했다.

    요즘 신문 기사에 10대 여자애들이 3명이나 자살 시도를 할 만큼 심각한 우울증의 어두운 단면을 드러낸다. 울갤(우울증 갤러리)이라는 SNS사이트가 생겨나고 이를 악용하는 어른들의 성범죄가 꾸준히 일어난다고 한다. 서로를 위로하기 위한 울갤도 자칫 범죄의 소굴이 되거나 우울증 사냥꾼들에게 노출되는 현실이다. 낚시에서 미끼를 이용하는 것처럼 보이스피싱도 오래전에 사회문제가 되고 있지만 여전히 근절되지 않고 피해자가 속출한다. 그들은 경찰이나 검찰, 금융감독원 직원을 사칭하거나 자녀가 교통사고를 만나 병원 응급실로 실려 가고 있다는 등 거짓말로 위급상황을 알려 돈을 뺏고자 한다. 관계기관에서 주의를 주고 경고하지만 사람들은 쉽게 그들의 속임수에 넘어가 버린다. 핸드폰에서 전화벨이 매일 거의 일정한 시간에 울려 받아보면 언제나 똑같은 전화번호이고 내게 등록되지 않은 사람이라서 아예 무시한다. 친절을 베풀거나 잘못하면 보이스피싱에 당할 수 있기 때문이다. 주변 분들의 경험 사례를 듣고 처음부터 수상한 전화번호나 문자는 받지 않겠다는 다짐을 한 탓에 나는 여태까지 무사히 잘 지내는 편이다. 개인정보가 자신도 모르게 유출되는 것 같은 두려움이 들 정도로 이상한 전화도 오고 모르는 사람이 내 이름까지 알고 있는 경우도 드러난다. 가능하면 SNS를 멀리하고 글도 올리지 말아야 안전할 텐데 초연결사회를 살아가노라면 어찌할 수 없는 일이 되고 만다.

전문가가 아니면 알 수도 없는 가상화폐라 불리우는 비트코인 등이 사회적 물의를 일으키는 걸 보면 어리둥절하게 한다. 돈을 벌기 위한 투자수단이라곤 하지만 가짜 화폐를 가지고 사람들을 현혹 시킨다. 최근 뉴스에 따르면 의사부부와 투자 손실을 본 40대 여자가 시비 끝에 결국 청부살인까지 벌렸다. 가난한 약자를 울리는 전세 사기 사건도 수백 채를 소유한 빌라 왕이 돈벌이의 수단으로 전세자금을 노린 것으로 알려졌다. 어디 한두 지역에서 국한된 게 아니라 거의 전국적으로 집없는 서민들의 전세살이에 자살까지 하게 되는 사기 피해가 눈덩이처럼 불어나고 있다.

신앙생활을 하는 내가 가장 이해하기 힘든 부분의 하나는 사람들이 그토록 사이비 종교에 빠져든다는 점이다. 얼마 전에 서울 송추 유원지에 다녀오면서 '하늘궁전'이라는 팻말에 이끌려 한번 들러보았다. 상당히 넓은 면적에 여러 채의 건물이 들어 서 있고 어딘지 으스스한 기분도 들었다. 작년 대통령 선거 때 후보자 중 자신이 대통령이 되면 전 국민에게 1억씩 나누어 주겠다는 괴짜 인물이 이곳 교주로 있는 인물이었다. 가톨릭 영성 심리상담소장인 홍성남 신부가 신문에 발표한 사이비 종교의 분석 결과를 보면 사이비 종교의 먹잇감이 되는 사람들에 대하여 몇 가지 분석을 했다. 주로 지나치게 의존적인 사람과 심리적으로 쫓기는 사람, 지능지수가 높아도 정신건강이 낮은 사람(교수,지식인 등)들이 사이비 종교에서 위로와 만족감을 얻는다는 것이다. 교주들은 '나는 신이다'를 외치며 자신을 신격화시키고 외부와 차단된 상태에서 신도들에게 강력한 메시지를 부여하면 이성적 판단이 흐려지고 맹목적으로 복

종상태가 된다고 한다.

  거짓과 술수가 물질세계만 보여지고 있는 게 아니라 인간의 고귀한 창작품인 예술과 문학 작품에도 담쟁이넝쿨처럼 뻗어나간다. 미술품 경매 시장에서 고가로 팔리는 명화 중에 가짜 모조품도 감쪽같이 팔려나간다고 한다. 정밀한 감정사도 가려내지 못할 만큼 가짜 그림이 나돈다. 미디어에서 어떤 그림이 몇억에 팔렸다는 뉴스의 영향 때문인지 아예 모조 그림만 전문으로 하는 사기꾼이 생겨나는가 하면 박물관을 돌아다니며 명화를 훔치는 사람들도 늘어난다. 아직도 도난당한 그림이 제자리를 찾아오지 못해 빈 액자만 걸려 있는 유명 미술관도 많다고 한다. 우리나라의 '직지심체요절'이 프랑스 박물관에서 발견되는가 하면 의외로 도난당한 우리나라의 귀중한 문화재가 세계 각국에 널려 있어 안타까울 뿐이다. 지난 세계 대전 때 히틀러는 유럽이나 아프리카 등에서 문화재만 전문으로 약탈케 하는 군부대가 별도로 존재했다니 놀라울 뿐이다. 강대국이 앞장서서 약소국의 소중한 예술작품을 기회 닿는 대로 빼앗아 자기들의 소유인양 돌려주지 않고 있는 국제 사회의 현실이다. 우리나라의 유명한 추사 작품인 '세한도'도 손재형 서예가가 일본에 건너가 소장자에게 사정하여 겨우 되돌려 받았다는 일화가 전해진다.

  아마 인간사회가 존재하는 한 어두운 한 면인 거짓을 피할 수 없는 듯하다. 인간은 연약하여 유혹에 빠지기 쉽고 사기꾼의 미끼를 피할 수 없는 것 같다. 돈이 모든 악의 뿌리가 된다는 진리를 다시 한번 깨닫게 한다. 아무도 황금만능주의에서 자유로울 수 없지만 항상 스스로를 경계하는 마음이 필요하잖을까. 나는 지금까지 살아오는 동안 거짓 유혹에 휘둘리지 않고 마음의 평안을 유지하게 된 것만으로 감사할 따름이다. 봄날의 미풍에 흔들리는 신록의 숲을 바라보며 거짓이 판을 치는 인간 사회가 부끄러울 뿐이다.

세상이 왜 이래 클럽

 강북에 사는 이점으로 동해나 강릉, 춘천, 용문으로 향하는 열차를 편리하게 타고 여행을 즐길 수 있다. 고교 친구 두 명과 상봉역에서 동해 가는 KTX 열차를 타고 해파랑길 한 구간을 걷기로 했다. 우리나라에도 스페인의 유명한 산티아고 길을 본받아 제주도 올레길이 만들어지더니 이젠 전국토를 한바퀴 돌 수 있는 둘레길(약 4,550m)이 곧 개통될 예정이란다. K-둘레길이 소문을 타면 국내는 물로 해와 관광 상품으로 유명세를 타지 않을까 싶다. 친구 중 한 명은 고희를 넘어선 나이에도 자신 있게 k-둘레길을 인생 후반부의 마지막 버킷리스트에 넣겠다고 장담한다. 나로선 체력이 못 미치기 때문에 그런 무리는 할 생각 없고 다만 걷기 좋은 한 구간씩만 골라 걸어보는 것으로 만족하려 한다. 이번 여행도 해파랑길 중 동해역에서 묵호역까지 약 8km를 걷는 것으로 당일 코스 일정으로 계획했다.
 차창에 스쳐가는 유월의 산하는 녹음으로 뒤덮여 평화롭기 짝이 없다. 강원도 쪽으로 다가갈수록 산악지대가 많으니 터널 통과 횟수가 늘어난다. 벌써 모내기가 끝난 들녘은 왜가리들이 먹이 사냥을 하는 모습이 한폭의 그림으로 다가온다. 기차 여행을 즐기는 나로선 가능하면 옆 사람과 대화를 삼가고 창밖 풍경에 열중하거나 말없이 감상하는 쪽이다. 옆좌석에 앉은 20대 직장 여성인듯한 한 분이 스마트폰에 빠져 있다가 노트북을 펼친다. 누구와 부지런히 채팅을 하는지 자판의 손놀림이 빠르게 움직인다. 옆눈으로 흘낏 보니 '세상이 왜 이래 클럽 여러분 안녕하십니까?'라는 글귀도 보이고 멤버들과의 대화 내용이 펼쳐진다. 무슨무슨 동호회나 클럽은 많이 있지만 '세상이 왜 이래' 하는 커뮤니티도 있다는 걸 알게 되니 약간 충격적이랄까. 세상이 하도 어지럽게 제멋대로 돌아가니 이런 모임도 생겨나고 공유하는 대화방도 존재하는 듯 싶다. 내가 조심스럽게 말을 꺼내 물어 보니 그녀는 오대산 월정사가 행선지라고 한다. 그곳에 스님이 운영하는 1박2일 코스 힐링 센터가 있어 참여하고 쉼을 얻으러 간단다. 아마 세상살이가 스트레스를 많이 주니 이런 젊은 애들도 고요한 산사를 찾아 마음을 추스르고 싶어하는 게 아닐까. 몇 년 전 가수 나훈아가 기념공연에서 테스형, 세상이 왜 이래'하는 곡으로 크게 히트했던 생각이 난다.

    소중한 모성애를 잃어버린 여러 사건들이 많지만 최근에 너무나 끔찍한 뉴스가 어처구니 없게 만든다. 경기도 수원에서 30대 엄마가 아기를 낳자마자 죽여 냉장고에 보관하고 5년을 함께 지냈다. 첫째만 그런 게 아니고 둘째 아이도 똑같은 방법으로 냉장고에 숨겨 놓았다. 현재 세 아이의 엄마인 그녀는 범행동기가 생활고 때문이라고 했다. 이런 범행이 발각된 것은 출생신고를 하지 않은 2천여명에 달하는 아동들을 감사원에서 조사한 결과라고 한다. 유엔 아동권리 협약에선 '아동은 태어난 즉시 출생 등록돼야 한다'고 규정해 놓았지만 가뜩이나 출산율이 저조한 우리나라에선 미등록 사각 지대가 많다는 사실이 놀랍기만 하다. 고슴도치도 제 새끼를 예뻐한다는데 자신이 낳은 아이를 어찌 죽여 없애는 일이 발생하는지 '세상은 왜 이래'가 아닐 수 없다.

시청역

　1호선 시청역에 내려 덕수궁 돌담길을 걷는다. 서둘러 잎새를 떨구는 가로수들이 머잖아 다가올 추위에 맞서기 위하여 각오를 다지는 듯하다. 시청사 건물의 정면 현수막엔 '나무가 이파리를 떨구고 있는 게 아니라 내려놓는 것'라는 의미의 글귀가 씌여 있다. 만추의 길목은 언제나 앞만 보고 달려왔던 사람들이 뒤를 돌아보게 한다. 푸르던 청춘을 통과하며 데이트 코스로 유명한 덕수궁 돌담길의 낭만을 한 번쯤 추억 속에 간직하지 않은 사람이 있을까. 한국수필가협회 50주년 기념 연말 시상식에 참가하기 위하여 광화문 쪽으로 발길을 옮긴다. 행사 장소인 코리아나 호텔이 나와 깊은 인연이 있는 터라 감회가 더욱 새롭다고나 할까. 벌써 40여년이 흘렀지만 아직도 기억 속에 생생한 그 시절의 흔적이 새록새록 피어난다.

　말단 공무원 생활을 과감히 접고 은행원으로 변신하여 첫 근무처가 된 코리아나 호텔(조선일보사 건물) 내의 J은행 본점은 이제 사라지고 없는 기관이 되었다. 은행 뒷골목에 자주 가던 여심 다방도 없어져 버렸지만 이곳에서 내가 맞선을 본 장소이었다. 31살 총각과 27살 초등학교 여교사는 그렇게 부부의 연을 맺었다. 세월이 흐른 뒤 그 때의 나에 대한 첫인상은 '내가 옆에서 꼭 도와줘야할 사람' 이란 걸 느꼈다고 하니 성경에 에덴동산에서 아담이 홀로 지내는 걸 보고 하나님이 돕는 배필로 하와를 짝지어 주신 것처럼 비슷한 상황인 듯 참으로 오묘하달까. 남매를 얻고 결혼 43주년이 흐르는 동안 성격 차이로 서로 힘든 가운데 무사히 부부생활을 이어 온 것도 결국 신앙의 힘으로 여겨진다. 아내는 큰 교회의 장로 직분을 맡아 인생의 후반부를 바쁘게 지내고 있다. 이제 70대에 이른 우리 부부는 자녀들로부터 효도를 받아 고희연도 가족끼리 조용히 치루고 자서전도 발간했으니 보람있게 보낸 셈이다. 딸은 남매를 낳아 손주의 귀여움을 맛보게 했는데 아들은 불혹에 이른 나이에도 장가갈 생각이 없는 모양이다. 요즘 우리나라의 젊은이들이 결혼은 선택이지 필수가 아니라는 생각에 독신가구로 아무렇지 않게 살아가니 어찌 된 영문인지 모르겠다. 출산율도 OECD 국가중 최하위이고 인구절벽에 대한 염려가 국가적 과제가 되었다. 외손녀가 갓난애 때 품에 안고 '아가의 눈 속에 내가 들어가 출구를 모른다'는 시도 지을 만큼 생명의 신비와 감동을 느꼈다. 그런 녀석이 벌써 초등학교를 마치고 내년엔 중학생이 된다. 뿐이랴. 요즘 아이들은 조숙하여 생리도 빨리 온다고 하더니 초경이 시작되어 생리통을 앓는다 하니 여자로 태어난 숙명을 어찌하랴.

　인문계 학교를 나와 은행원으로 일한다는 게 쉽지 않았다. 숫자 개념도 별로 없는 내가 주판알을 튕기고 계산하는 일, 돈 세는 일 등 만만치 않았다. 첫 발령을 받고 시청역을 지나 광화문 사이에 있는 은행에 출퇴근하면서 가장 힘든 시간을 보냈다. 일도 일이지만 담당 대리가 어찌나 소심하고 꼼꼼한 분인지 스트레스 때문에 나는 숨이 막혔다. 아침에 출근하여 책상머리에 앉으면 메모지에 '오늘의 할 일'을 열거해 놓고 내게 건넨다. 그 때 처음 생긴 제도인 직장 의료보험을 담당했기에 매일 병원에서 올라오는 의료수가를 계산하여 결재 올리는 일도 버거웠지만 무엇보다 한 달에 한 번 씩 월말 보고서철을 만들어야 한다. 철끈으로 흐트러지지 않게 단단히 서류를 묶어야 하는데 야물지 못한 내 솜씨에 약간 어설프게 처리했다. 담당 대리는 그냥 넘어가는 법이 없다. 당장에 송곳으로 철끈 매듭을 풀어 헤치고 다시 해 오라고 내동댕이친다. 그는 내가 못마땅해 얼굴을 펴지 않고 항상 씩씩거렸다.

본점 근무에서 영업점으로 발령이 나서 다행히 그와 헤어져 한 번도 서로 안부를 묻는 일이 없었다. 은퇴한 후에 그의 소식을 들으니 중풍에 걸려 몸이 불편하다고 했다. 삼년 전에 그의 부고가 날라 와 한참을 망설이다가 조문을 다녀왔다. 대인관계가 매끄럽지 않아서인지 직장 동료들이 거의 눈에 띄지 않았다. 남편의 유일한 직장 동료의 조문을 받고 미망인이 내게 다가와 감사하다는 인사를 하며 한마디 던진다.

　　제 남편과 근무하는 동안 무척 힘드셨지요? 워낙 고지식한 분이라...

아는 사람도 없고 장례식장을 바로 빠져나오는데 장남인 상주가 뛰어와 고맙다고 배웅까지 해 준다. 사람은 어떻게 살았느냐가 마지막 죽었을 때 평가받는다고 하던가. '그는 참 좋은 사람이었다'는 이 한마디를 듣게 되면 아마 성공적인 삶을 살았다고 할 수 있잖을까. 그는 자신이 세상을 떠날 때 그렇게 미워하던 부하 직원이 찾아 와 문상하여 줄 것을 기대했으랴.

적성에 맞지 않는 금융업무를 '목구멍이 포도청'이란 말처럼 고군분투하며 퇴직에 이른 게 벌써 20년이 지났다. 난데없는 외환위기로 금융계 구조조정이란 명목하에 억지로 직장에서 물러나야 했던 상황이 오히려 나로선 잘된 일이라고 자위했다. 가족에겐 미안한 일이었지만 직장을 그만두니 어찌나 복잡하던 머리가 개운해졌는지 모른다. 당시 53세란 나이에 명예퇴직을 하고 불안감이 없지도 않았지만 다른 직장을 구하느라 뛰어다니지도 않았다. 사실 온실 안 화초처럼 지내던 내가 새 직장을 구하는 일은 능력이 못 미쳤다. 그냥 자유인으로 놀면서 그동안 하고 싶었던 문학의 길에 매진했다. 재직 중에 수필과 시로 문단에 등단하였기에 이쪽 동네가 낯설지 않았다. 말하자면 인생 2막의 방향설정이 확고하였다. 가슴에 담아 두었던 문학에 대한 열정으로 다수의 책을 부지런히 펴내었고 문단 활동도 규모가 큰 한국수필 작가회 단체장도 해냈고 지역 문인협회 회장직도 무사히 감당했다. 직장과 다르게 개성이 강한 문인들을 상대로 단체를 이끌어 나가기가 무척 힘겨웠다. 오죽했으면 스트레스를 많이 받아 병원 신세도 지고 생명의 위기도 맞이했다. 비록 재능의 한계로 베스트셀러 작품을 내고 유명작가는 못 되었지만 스스로 자족할 뿐이다. 내 영혼의 분신이 서가에 늘어나는 것만으로 충족감을 느끼며 세상에 다시 태어나도 문학에 빠지고 싶다. 이제 고희라는 인생의 고봉에 올라 모든 짐을 내려놓는 기분이다.

은행 생활의 첫 직장이고 아내를 만난 코리아나 호텔에서 훗날 내가 속한 수필가협회 모임에 이렇듯 참여하여 중견작가로서 성취감을 얻게 될 줄 내가 어찌 알았을까. 홍안의 J은행 시절을 돌아볼 때 플라타너스 넓은 이파리들이 바람결에 이리저리 뒹굴고 있다. 나도 덕수궁 옆 가로수처럼 모든 욕심을 내려놓고 이제 홀가분해질 때가 됐노라고 자신에게 타이르며 시청역 지하 계단을 천천히 내려간다.

3 네모 안에 갇힌 삶

스토킹 범죄

내가 사는 동네에 법원과 검찰청 건물이 들어와 친근감을 느끼게 된 것도 20여년이 됐다. 은퇴후 가장 절실하면서도 귀찮은 게 있다면 집에서 삼시 세끼 밥 챙겨 먹는 일이 아닐 수 없다. 아내에게 한 끼라도 수고를 덜어 주기 위해 묘안을 찾아낸 게 점심은 법원 구내식당을 이용하는 것이다. 여기 직원이 아니더라도 민원인에게 개방돼 있어 싸고 맛있는 한 끼를 해결하는 데 그만이다. 식사 후에 시간 나면 슬슬 법원 공판정에 들려 재판 구경을 한다. 민사 사건보다도 형사 사건이 더 흥미롭다. 요즘 사회 문제가 되고있는 스토킹 범죄 공판이 열려 참석했다.

재판정의 분위기는 긴장감이 감돈다. 피고는 어떤 형량이 주어질지 불안한 심정이고 검사는 보자기에 싼 두툼한 수사기록을 매만진다. 변호사는 뚱뚱한 몸매의 여성분으로 부드러운 목소리로 증인을 심문한다. 높은 단상에 앉은 까만 법복의 판사는 권위가 넘친다. 그의 읽어 내리는 선고 한 마디에 피고의 운명이 좌우된다. '따뜻한 법원, 더 나은 재판'을 표방하는 법원의 표어는 있지만 당사자들은 불안을 떨쳐 버릴 수 없다. 방청석에 앉아 나도 젊은 날에 사법고시를 꿈꾸었지만 여건이 주어지질 않아 포기했던 일을 떠올렸다. 답답한 법정에서 사람의 죄를 다루는 일을 하지 않게 된 것이 오히려 다행이지 싶었다. 솔로몬이 왕이 되어 가장 먼저 걱정한 게 백성들의 시비를 어떻게 다룰 것인지 하나님께 재물이 아닌 지혜를 달라고 기도하지 않았나.

증인석에 앉은 중년 부인은 '증인선서'를 한 뒤에 검사와 변호사, 판사가 묻는 말에 조금도 막힘없이 또박또박 답변했다. 대부분 법정에 불려 나가면 두렵고 떨리는 가운데 아는 사실도 제대로 더듬거리기 마련인데 이분은 참으로 침착하고 당당했다. 피고는 함께 동석하면 큰 소리가 나올 것 같은 탓에 법정에 딸린 별도의 공간에 따로 분리시켜 증언을 듣도록 했다.

증인(피해자)은 모 탁구 동아리에서 피고와 만난 사이로 1년 이상 자신을 스토킹한 사실을 털어놓았다. 그녀는 집으로 배달된 여러 통의 우편물과 벽에 붙인 전단지로 심한 트라우마에 시달렸다고 한다. 그녀의 신상정보를 어떻게 다 파악하고 있는 피고에 대해 자신도 방어 수단으로 그의 신상을 캐보고 싶었다. 사설 탐정에게 의뢰할 것인지 고민하다가 단념하고 결국 그런 낙서 수준의 메모지를 찢어 쓰레기통에 버렸다고 한다. 피고는 그것을 어떻게 수거해 변호사에게 건네주고 오히려 자신이 스토킹 당했다는 증거물로 제출했다. 증인은 피고의 용의주도함에 혀를 내두르고 정말 무서운 사람이라고 증언했다. 판사는 마지막으로 증인에게 피고의 처벌을 원하느냐고 물었다. 증인 여자는 처음엔 처벌을 원하지 않는다고 애기했는데 그것이 법에 옳으면 그대로 하시고 옳지 않으면 처벌해 달라고 했다.

최근 뉴스에 오르내리는 신당역 스토킹 살인 사건의 범인 얼굴을 화면에서 보았다. 아주 양처럼 순하고 착해 보이는 청년이 어떻게 그런 끔찍한 일을 저질렀을까 싶었다. 그는 같은 역무원으로 입사 동기였고 자신을 만나 주지 않는 않는데 앙심을 품고 결국 직원 화장실에서 그녀를 무참히 살해했다. 범죄의 심각성 때문인지 재판 결과는 예상했던 대로 무기징역이 내려졌다.

남녀 관계의 스토킹 범죄로 비극적인 사건이 빈발하다 보니 국회에서 서둘러 법제화하여 무겁게 처벌할 수 있게 했다. 결혼 기피 현상이 문제가 되는 우리 사회에서 로미오와 쥴리엣 같은 낭만적인 사랑은 어디로 가고 사랑도 쉽게 빨리 결과를 얻으려는 청춘남녀들의 잘못된 사고방식이 안타깝다. 마음에 드는 상대에 대해 짝사랑을 간직하는 건 케케묵은 구식 사랑법이 되고 말았을까. 아직 짝을 찾지 못한 나의 노총각 아들은 이성에 대하여 아예 관심을 두지 않는 듯하다. 부모로서 애는 타지만 잘못된 사랑 때문에 문제를 일으키지 않아 준 것만으로 오히려 고마울 뿐이다.

동네 산책길에 나서면 고가 다리 밑에 비둘기들이 모여 산다. 수컷은 회색빛이지만 목 부위가 초록빛으로 멋지게 둘러싸여 밋밋한 암컷들에 비해 돋보인다. 공작새들도 수컷은 화려한 꼬리 부채를 자랑하며 암컷을 유혹한다. 비둘기 수컷은 틈만 나면 먹이 찾는 시간에도 암컷 주위를 맴돌며 집요하게 스토킹을 시도한다. 암컷이 하도 귀찮으면 푸르릉 저만치 날아가 버린다. 그러면 다시 다른 암컷에 치근덕거린다. 어쩌다 성공하면 수컷은 행복한 듯 짝짓기 의식을 치른다. 사람은 비둘기처럼 아무리 스토킹을 해도 성공할 확률은 거의 없고 상대방의 마음이라는 비밀의 문을 통과해야 한다.

　나의 친척 조카 중에 노처녀로 꼼짝 않고 지내는 터에 주변에서 중매를 했지만 번번히 거절 당했다. 키도 크고 얼굴도 예쁜데다 직장도 안정된 곳에 간부급이었다. 40대 중반에 이르러 결혼 청첩장이 날아와 반갑기도 했지만 모두 깜짝 놀랐다. 조카는 마음 속에 품고 있는 남자가 오래전에 있었지만 시부모 될 사람이 지역감정을 내세워 극구 결혼을 반대하였다고 한다. 그래도 둘은 끝까지 연정을 이어가며 인내하던 중 갑자기 시부모님이 돌아가시는 행운(?)을 얻었다. 그들은 10여 년 이상 가슴앓이에 종지부를 찍고 드디어 부부의 연을 맺었다. 요즘 세상에 보기 드문 순애보의 완성을 이루어 냈기에 더욱 축하와 행복을 빌어 주었다.

　고희 중반에 이르도록 위법한 일로 법정에 불려가지 않고 지금까지 살아 온 것도 감사할 뿐이다. 인간사회에 법이라는 보호망이 없다면 과연 평화스럽고 행복한 삶이 보장될 수 있을까 싶다. 법보다 주먹이 앞서는 사회를 생각만 해도 끔찍하다. 불완전한 인간이기에 준법정신을 아무리 강조해도 여전히 강력 사건이나 무수한 분쟁이 끊이질 않는다. 경찰과 검찰, 법정이 일이 없어 한가해질 날이 과연 올 수 있을까. 무엇보다 나는 기독교인으로서 죽음 뒤에 다가올 하나님의 심판을 두려워하며 살아가기를 원한다.

추억은 세월 따라 물들지라도

뉴스 채널을 돌리다가 우연히 여고생 위문 편지를 두고 문제가 된 내용이 소개된다. 모 여고생이 쓴 위문 편지는 편지지도 아니고 노트 반 장을 북 찢어서 휘갈겨 쓴 것으로 조롱 섞인 어투로 적혀 있다.

앞으로 인생에 시련이 많을건대 이 정도는 이겨줘야 사나이가 아닐까요? 저도 이제 고3이라 뒤지겠는데 이딴 행사 참여하고 있으니까 님은 열심히 하세요. 추운데 눈 오면 열심히 치우세요.

이런 편지를 받은 군인 아저씨는 어떤 기분이었을까. 인터넷상에 해당 여고생의 신상털기, 욕설 댓글을 통한 사이버 폭력이 벌어지는 사태까지 이르렀다. 학생들의 집단 위문 편지 쓰기는 1937년 중일 전쟁 때 조선총독부에 의해 시작됐다고 한다. 누구나 한 번쯤 학창 시절에 군인 아저씨들에게 의무적으로 편지를 쓰기도 하고 병영생활 하는 동안 직접 받아

보기도 했으리라. 문제가 된 여고생처럼 노골적으로 쓰기 싫은 마음을 드러내는 용기를 보니 격세지감이 아닐 수 없다. 나의 3년 가까운 푸른 제복의 세월 속에 펜팔로 사귄 한 여인이 떠오른다.

일등병 계급장을 달고 첫 휴가를 나온 날이었다. 어디 마땅히 갈 데도 없고 따분한 마음을 달래며 광주 사직 공원을 찾았다. 슬슬 걷다 보니 내가 좋아하는 영랑 시인과 용아 박용철의 시비가 나란히 눈에 띄어 멈추어 섰다. 일요일을 맞이하여 공원엔 나들이 나온 사람들의 발길이 잦았다. 그 속에서 남매인 듯한 두 사람이 나처럼 시비 앞에 멈추어 사진을 찍고자 한다. 얌전해 뵈는 안경 낀 아가씨와 중학생쯤 돼 뵈는 소년이 나더러 카메라 셔터를 부탁했다. 기꺼이 사진을 찍어 주고 나니 아가씨도 내게 한 컷 해 주겠다고 한다. 친절하게도 아가씨가 사진을 보내드릴 테니 나의 군부대 주소를 알려 달라고 하여 펜팔의 인연은 시작되었다.

휴가를 마치고 귀대하여 깡그리 잊어버리고 지냈는데 예쁜 만년필 글씨의 편지와 시비 앞 사진, 샘터 책 한 권이 동봉된 채 소포로 배달되었다. 나의 기쁨은 말할 수 없었고 모든 병영생활의 외로움으로부터 갑자기 해방된 느낌이었다.

지금 비가 그친 창밖엔 말할 수 없는 상쾌함이 있습니다. 턱 버티고 서 있는 무등산은 한 발짝 성큼 다가와서 한결 가깝게 느껴지는군요. 사라사데의 지고이넬바이젠을 들으며 명상에 잠기는 시간을 갖고 싶어 하고 도스토옙스키의 사상을 향해 줄달음쳐 보기도 하고, 하이네의 아름다운 시에 푸른 꿈을 꾸어 보는 작은 아이는 하나 밖에 없는 유일한 애인, 샘터를 동봉합니다.

이런 사연과 함께 샘터 책이 무미건조한 나의 병영생활에 활력소가 되었다. 그 후 월간지 샘터가 나올 때마다 꼬박꼬박 보내왔고 그녀와 나의 편지 왕래는 제대할 때까지 계속되었다. 내무반 동료들은 아예 나의 애인을 샘터 아가씨로 불렀다. 그녀는 나를 '달님'(내 이름 자체가 永月이므로 달님이란 뜻을 포함했다)이라고 불렀고 그녀의 그런 표현이 나 또한 싫지 않았다. 상병으로 진급하여 두 번째 휴가를 나와 그녀를 도청 앞 분수대 앞에서 만났다. 단발머리에 하얀 블라우스와 체크무늬 바지 차림의 그녀와 함께 처음 만난 장소인 사직 공원에 다시 올랐다. 부끄럼을 잘 타는지 말없이 걷기만 하는 그녀에게 한 마디 건넸다.

편지는 그렇게 잘 쓰면서 왜 그리 말이 없어요? 무슨 말 좀 해 봐요.

그래요, 상병님! 저는 글로는 잘 쓰는데 마주 보면 한마디도 못 해요. 바보죠?

그녀는 조용하고 깊은 내면세계를 지니고 있어 어쩌면 나의 공허한 마음을 채워주는 카타르시스 적 존재로 여겨졌다.

제대를 앞둔 시점에 그녀가 샘터 8월호와 하모니카를 마지막 선물로 부쳐 왔다.

흘러가 버린 시간을 모아두는 바보 아이가 있었답니다. 그에게는 수필 같은 오색 빛 이야기들에 취해 있던 좋은 시절이 있었대요, 어떤 위대한 작가의 필치에서보다도 더 감명받을 수 있었던...

이 편지를 마지막으로 그녀와의 펜팔도 끝났고 제대 후 2년이 지나 소식을 끊은 나에게 한 장의 엽서가 날아 왔다.

뒤집에선가 경쾌한 피아노의 선율이 흐르오. 깔끔한 낭자머리인 양 빗자루 자국도 가지런한 골목의 정돈 됨이오. 리어카 하나 가득 듬뿍 실은 과일의 향내가 채소의 풋내가 좋은, 어느 때보다도 오래 마시고 싶은 좋은 아침이오. 이 좋은 아침, 동무랑 변두리의 초록색 길을 하릴없이 산책이라도 했으면 좋으리라는 욕심이 생길 만큼 지금의 기분은 맑아 있소. 태양과 녹음이 우리를 에워싸고 웃으라 하오! 웃으라 하오!

- 월요일 아침에, 朋友가

나는 아직 결혼을 생각할 마음의 여유도 갖지 못한 채 주경야독의 바쁜 생활에 쫓기고 있었다. 나를 그냥 붕우란 말로 승화시킨 그녀에게 마음속 깊이 고마움을 보낼 뿐이었다.

그녀가 기억 속에서 희미해져 갈 무렵 내게 연락이 닿았다. 인터넷에 올려 있는 내 홈페이지에 접속했는지 나를 알아본 것 같았다. 반가우면서도 한편 망설임도 있었다. 그녀에 대해 미안함이랄까. 내가 일방적으로 연락을 끊고 아무런 인사말도 남기지 않은 탓이었다. 한 번쯤 변명도 하고 그동안 감사했다는 말도 전하는 게 도리라고 생각할 뿐이었다. 지금 생각하니 세월에 밀려온 탓에 그녀의 외모가 어떻게 변했는지 얼굴 모습도 잘 떠오르지 않는다. 무심코 세월 따라 각자의 삶을 이끌어갔고 어느새 나는 고희 언덕에 올라섰다. 아직도 그녀의 나이가 몇 살쯤이고 결혼은 했는지 어떤 형편인지 신상정보는 정확히 모른다. 아마 나처럼 기독교를 믿고 권사님으로 신앙생활을 열심히 하는 분으로 여겨진다.

최근에 이메일을 통하여 그녀가 내게 시집을 발간했다는 것과 주소를 모르니 내가 다니는 교회 사무실로 우송했다는 메시지를 전해 왔다. 그녀는 '누름 꽃'이라는 제목의 아담한 시집을 통해 언제 시인으로 등단했는지 모르지만 시 부문에서 이미 권위 있는 문학상도 받고 재능을 인정받고 있었다. 내게 귀한 문학적 영감의 원천이 돼 주었고 이제 세월 따라 누름 꽃으로 곱게 피어나 같은 문우로서 같은 길을 걷게 되었다.

　풀꽃 풀잎 책갈피에 나열한 채 가두어 / 무겁게 눌러 놓는 의례가 끝나고
　제 몸의 기운이 빠졌겠다 싶으면/ 뜻 모르고 애잔해진 몰골들을 들여다본다.
　천상의 샘물 모아 이슬 만들고/ 햇살의 체온으로 견디었던 어둠의 소리들과
　바람 시선 따라 쏠리던 행보들과 / 숨결 끊긴 솜털 사이로 살아 있

는 말씀들

    전학 가서 소식 끊긴 짝꿍이거나/ 흙이 되었을 옛적 벗님들이어도 좋겠다

    토라지고 잊혀진 미운 기억이면 어떠랴 / 압지 밑에서도 당당한 꽃잎들과

    저항없이 안겨 오는 건초 내음 / 풀이름 꽃이름 불러주며 깨어나라 명한다

    이승의 문을 나설 때 누군가 내 이름 부르면 /간절히 부르노라면 돌아볼 수 있을까. 별이 못 된 발목만 화석으로 남는다

- 시 「누름꽃」 전문

사람 속은 모른다

요즘 사회 이슈가 되고 있는 뉴스 가운데 하나가 교육 현장에서 벌어지고 있는 교권 보호 문제이다. 전국의 초등학교 교사들이 광화문에 모여 집회를 열고 시끄러운 분위기이다. '스승의 그림자도 밟지 않는다' 는 옛 어른들의 가르침이 무색할 정도로 일선 교사들이 민원에 시달리고 연이은 스트레스를 못 이겨 극단적인 선택을 하고 있어 문제의 심각성을 느끼게 한다. 우울한 이런 뉴스가 나와 무관하게 지나갈 뿐 강 건너 등불처럼 여겨지는 게 사실이다.

바로 전에 세상을 떠난 형님의 장례식 참석을 위하여 지방에 다녀온 탓에 피곤함이 쌓였다. 죽은 자는 죽은 자이고 일상은 무심코 계속되는 것이기에 아파트 관리비를 입금하기 위해 거래 은행에 갔다. 365코너 앞에 웬 대형 화환이 여러 개 놓여져 있었다. 리본에 쓰인 글씨를 읽어 보니 모 은행 직원을 성토하는 글귀가 눈에 띠여 깜짝 놀랐다. 최근에 극단적 선택을 한 모 초등하교 교사의 학부형이 바로 이곳 간부급 행원으로 드러났는지 동료 교사들이 항의하기 위해 가져다 놓은 듯했다. 나와 10여년 이상 가깝게 지내는 직원이 이번 사건과 관련돼 있다는 사실이 믿기질 않았다. 나도 전직 은행원으로서 문제 직원과 친밀감을 갖고 잘 지내던 터에 웬일인가 싶었다. 이미 SNS상에 모든 실상이 밝혀지고 뉴스까지 나온 처지에 이르렀다.

가짜 뉴스도 많지만 인터넷에 실린 내용을 요약하면 그분의 아들이 초등학교 6년생일 때 사건으로 미술 시간에 페트병으로 작업하던 중이었다. 아이가 손을 잘못 놀렸는지 칼로 손가락을 베이게 되었다. 학교 측에서 수업 시간에 일어난 일이니 소정의 보상금을 지급했는데도 그분이 계속 치료비를 담임 선생님께 요구했다. 사건 후에 그 선생님은 병역 의무를 수행중에 있었는데도 계속 민원에 시달렸다. 이를 견디다 못한 27세 밖에 안 된 젊은 선생님은 중압감 탓인지 그만 자결하고 말았다.

핵가족 시대에 젊은 부모들은 한 명 아니면 두 명인 자녀들에게 온 신경을 다 쏟고 금쪽같은 내 새끼로 여길 것이다. 교실에서 잘못된 일은 교사의 입장은 둘째치고 화부터 내는 학부형은 좀처럼 이해하려 들지 않는다. 그 행원도 적당한 선에서 아량을 베풀어 담임교사를 용서해 주었더라면 잘 넘어갈 수 있었잖을까 싶다. 더구나 자신이 공직에 근무하고 있는 만큼 조심해서 행동해야 옳은 일이었다. 결국 개인의 행동이지만 직장 이미지를 실추시켰으니 내 경험상 징계를 받지 않고 피해 가기가 쉽잖을 것 같다. 나는 직장생활을 하면서 스스로에게 자기암시처럼 무사히 정년 퇴임하는 것이 인생의 행복이라고 수없이 다짐하였다. 아무리 긴장을 해도 민원이 생겨나고 직원들의 마음까지 알 수 없는 만큼 책임자로서 힘든 시간을 보냈다. 가끔 뉴스에 은행 직원들이 예금 횡령 등 일탈 행위를 하여 고객의 신뢰를 떨어뜨리고 직장에 손실을 끼칠 때마다 지난 근무 시절이 생각 나 가슴이 뜨끔했다.

추석을 맞이하여 집에 다니러 온 아들과 대화하면서 처음 알게 된 사실 중에 학창시절 이야기였다. 고등학교 다닐 때 아들은 담임 선생님께 걸핏하면 뺨을 두들겨 맞고 발길질도 당했다고 한다. 자신뿐만 아니라 다른 친구들도 그런 일을 당하는 건 특별한 일이 아닌 만큼 집에 가서 내색하지 않았다고 한다. 이제 시대가 바뀐 만큼 학생들의 인권이 중시되고 교권이 무너지는 현상에 교사들의 극단적 선택이란 불행이 계속된다고 할까.

이번에 고인이 된 형님은 10여 년 암 투병 끝에 더 살고자 몸부림쳤지만 어쩔 수 없이 세상을 마감해야 하는 인간의 실존을 보여 주었다. 아무리 고가의 항암제 주사를 맞고 영양 섭취나 운동 요법을 써도 현대의술의 한계를 넘어서지 못했다. 지금 이 순간에도 전국 병원에 입원 중인 중환자와 암 환자들이 더 생명을 연장하고 싶어 눈물겨운 투병 생활을 하고 있는지 모른다. 보통 사람도 누구나 건강관리에 신경 쓰며 장수는 못해도 평균 수명까지는 살고 싶어 노력할 것이다. '개똥밭에 굴러도 이승이 좋다'는 말처럼 조금이라도 생명을 연장하고 싶어 한다. 그런데 우리나라가 OECD국가 중 자살률 1위라는 불명예를 계속 유지하고 있다. 한쪽에선 오래 살고자 안간힘을 쓰는가 하면 다른 한쪽에선 스스로 세상을 버리는 일이 벌어지니 아이러니가 아닐 수 없다. 지금까지 살아오면서 가끔 자살 충동을 억누르고 무사히 고희 언덕에 올라섰으니 얼마나 대견한지 스스로 감사할 따름이다. 형님의 무덤 앞에서 내가 추도사를 읽으며 인생 나그네 길 81세까지 살아냈으니 금메달 받은 것으로 여기고 편히 하늘나라에 가시라고 했다.

셰익스피어 희극인 '베니스의 상인'이 생각난다. 유대인 고리대금업자인 샤일록은 멀리 바다에 나가 장사하는 가난한 상인에게 돈을 빌려주면서 친구인 부자에게 보증을 서게 한다. 만약 돈을 갚지 못할 경우엔 자신을 미워한 보증인의 가슴살 1파운드를 칼로 도려낼 수 있다는 채무이행 계약서를 작성한다. 가짜 뉴스로 인해 배가 폭풍에 침몰했다는 소식을 듣고 샤일록은 채무이행을 하게 해달라고 보증인 부자를 법정에 서게 한다. 상인의 애인인 포샤가 판사로 위장하고 나타나 재판이 열린다. 포샤는 생명을 위협하는 보증 이행을 고집 피우지 말고 자비심을 베풀어 달라고 권유하지만 샤일록은 막무가내다. 이런 기회에 자신을 멸시한 보증인에게 원수를 꼭 갚고 말겠다는 마음뿐이었다. 결국 포샤는 명판결을 내린다. 살점은 도려내되 계약서에 명시되지 않은 피 한방울도 흘려선 안 된다고. 샤일록의 무자비는 판결에 따라 자신의 모든 재산을 잃게되는 혹독한 결과를 가져온다.

선으로 악을 갚으라는 말이 있다. 상대방의 입장에서 자비를 베푸는 일이 결국 자신을 위한 행복으로 돌아온다는 진리를 깨우치게 한다.

네모 안에 갇힌 삶

맑은 물엔 물고기가 드물고 수초가 있는 곳에 많이 모인다고 한다. 사람도 그런 것 같다. 너무 빈 틈 없는 사람에겐 접근하기가 쉽잖고 약간 허점이 있는 사람을 더 좋아하게 된다. 완벽주의를 가진 사람에게 농담을 잘 못 하면 무안을 당하기 마련이다. 항상 긴장하여 조심성 있게 말을 건네야 한다.

학창 시절을 돌이켜 보면 숙제를 제일 잘 해 오는 친구는 선생님께 항상 칭찬을 받는다. 여름방학 숙제도 그림 일기나 곤충채집을 정성들여 과제물로 제출하면 기가 죽는다. 그런 친구는 어김없이 학급 우등생이고 우리에게 모범사례로 여겨진다. 그는 학교와 집을 시계추처럼 왔다 갔다 할 뿐 하교 길에 빵 가게를 들리거나 극장을 몰래 드나드는 일이 없다. 고교 시절을 보내는 동안 나는 바깥세상과 담을 쌓고 학교와 도서관 밖에 몰랐다. 집안이 가난하여 어디에 한눈 팔만한 마음의 여유가 없었다. 친구들은 다른 학교 여학생들과 미팅을 즐기고 함께 어울려 동아리 활동도 하며 신나게 보내는 것 같았다. 어떤 친구는 용감하게 무전여행을 제주도까지 다녀와 경험담을 늘어놓기도 했다. 기차 요금이나 배 삯을 내지 않고 아슬아슬하게 피해 다닌 이야기나 시골 마을에 들려 농사일을 도와주고 밥을 얻어먹기도 여러 날이었다고 한다. 뒷자리에 앉아 있던 덩치 큰 친구들은 학교 뒷산에 올라가 담배를 피워 물곤 했다.

 아파트 생활은 편리하긴 하지만 공동생활이기 때문에 규칙을 잘 지켜 이웃에게 피해를 주지 않도록 신경 써야 한다. 무엇보다 층간소음이나 흡연 등이 가장 많은 민원 대상이다. 요즘은 애완견 인구가 많아져 여기저기 개 짖는 소리가 장난이 아니다. 15층에 사는 우리집 내외가 가장 괴로운 것은 창문을 못 열어 놓을 만큼 담배 연기에 시달린다. 아래층 어디인지 모르지만 하루 세 차례 이상 일정한 시각에 담배 연기 냄새를 맡아야 한다. 관리사무소에서 방송을 하고 엘리베이터 벽면에 손글씨로 담배 연기로 고통을 받으니 제발 지정된 장소에 나가 피워 달라고 호소해도 소용이 없다. 쇠귀에 경 읽기다. 10여년 이상 거주하는 동안 같은 상황이 반복될 뿐 시정이 되지 않으니 이젠 지쳐버려 그러려니하고 지낸다. 이 정도 수준이면 성격 장애 있는 분으로 치부하고 더이상 방법이 없는 듯하다. 최근 우리 사회를 떠들썩하게 만드는 사건을 바라보면 사자나 호랑이보다 제일 무서운 게 사람이라는 사실이 드러난다. 묻지마 범죄라는 이름으로 대낮에 칼부림으로 행인을 죽거나 다치게 하는 끔찍한 일이 벌어지는가 하면 온라인상에 초등학생마저 살인 예고 글을 올린다고 한다. 이래저래 모범 시민들의 삶은 고달프기 짝이 없다.

 직업상 가장 모범을 보여야 할 사회 지도층 인사나 학교 교사, 성직자들이 가끔 일탈하는 뉴스 앞에 이맛살을 찌푸리게 한다. 스티븐슨은 '지킬 박사와 하이드'라는 그의 소설에서 인간의 이중성을 적나라하게 보여 준다. 지킬 박사는 학자이고 사회적 명망이 높은데다 자선사업과 봉사를 많이 하는 인물이다. 남 앞에선 훌륭하게 보이고 싶고 혼자 있을 땐 몰래 쾌락을 즐기고 싶어 한다. 결국 그는 남들이 자신의 향락을 눈치채지 못하도록 교묘하게 그것을 감추는 버릇이 생긴다. 겉과 속이 다른 이중인격자가 되어 자신 안에 있는 선과 악을 분리하는 연구를 거듭한 결과 마침내 성공한다. 즉 낮에는 본래의 존경 받는 지킬 박사 행세를 하고 밤엔 하이드라는 괴물로 변해 악한 행동을 서슴치 않는다. 그러나 인간은 선과 악이 마음속에 공존할 뿐 완전하게 선한 인간과 악한 인간으로 분리되지 않는다. 이러한 진리를 깨달았을 때는 이미 늦어 버렸다. 그는 결국 하이드라는 악한 인물을 만들어 낸 것에 후회하며 절망에 빠져 비참한 최후를 맞는다. 지인 중에도 밖에선 아주 교양있는 언행을 하시는 분이 가정에 돌아오면 전혀 딴사람이 된다. 가족들에게 신경질적이고 화를 잘 내는 이중적 태도를 보인다. 그의 변명을 들어 보면 그럴듯한 면도 느끼게 된다. 남에게 항상 미소를 짓고 친절하고 본이 되게 살아야 한다는 강박관념이 얼마나 사람을 피곤하게 만드는지 아느냐고 물었다. 그런 긴장 속에 살다가 집에 와서라도 가장 만만한 가족들에게 스트레스를 풀게 된다나.

　운전할 때마다 항상 조수석에 앉아 GPS 역할을 하고 안전 운행을 감시하는 아내 덕분에 지금까지 무사했다고 여긴다. 자신은 운전도 안 하면서 최근에 교통 규칙이 바뀐 것도 알려 주고 내게 주의를 환기한다. 건

널목에서 우회전할 때 무조건 멈추고 빨간 불이라도 사람이 오고 있으면 기다려야 한다고 한다. 나는 뒤차들이 짜증을 내니 웬만하면 교통 규칙을 어기더라도 규정 속도보다 조금 빨리 가야 한다고 주장한다. 아내는 어림도 없다. 급하면 뒤차들이 비켜 가면 될 일이고 빨리 속도를 줄이라고 야단이다. 아내의 FM 성격은 전혀 매사에 융통성을 주지 않는다. 어려서부터 평생을 모범생으로 살아왔기 때문에 흔들림이 없다.

동창생들을 만나 보면 대체로 공부 벌레라 여기는 우등생들은 교사직을 택했고 불량기 있던 친구들은 건설업이나 기업체 등을 운영하여 의외로 크게 성공한 경우를 많이 본다. 결혼도 콧대가 높던 여자들을 잘 만나 행복한 가정을 이루고 있다. 길고 짧은 것은 대 봐야 안다는 말처럼 모범생과 불량 학생이 뒤바뀐 삶을 산다는 것도 인생의 수수께끼처럼 다가온다. 성경에서 일관된 메시지가 하나님의 뜻에 순종하면 복을 받고 그렇지 않으면 심판을 받는다고 경고한다. 예수님은 제자들의 발을 직접 씻겨 주는 섬김의 본을 보여 줌으로 그리스도인의 올바른 길을 가르쳐 준다.

한평생 사는 동안 네모반듯하게 살아야 하는 건 맞지만 그렇다고 그 안에 갇힌 삶은 숨이 막힐 때가 있는 걸 부인할 수 없다. 하루에도 만 번 이상 마음이 오락가락하는 인간의 실존을 어찌 다스려야 할지 갈등 구조에서 헤어나기란 쉽지 않은 과제인 듯하다.

가족 여행

 천사섬이란 명칭이 말만 들어도 환상적으로 다가서는 이미지다. 그러나 뜻을 알고 보니 전남 신안군은 도서 지역이고 1004개의 섬으로 이루어졌다하여 그런 멋진 표현이 생겨났다. 그중에 하나인 남쪽 땅끝 섬인 증도에 이르러 고즈넉한 해변 길을 만난다. 언제 들어도 시원한 여름 바다의 파도 소리를 벗 삼아 약 2킬로쯤 펼쳐진 모래 사장을 맨발로 걷는다. 흔한 갈매기들도 보이지 않는데 어쩐 일인지 방파제 입구에서 홀로 죽음을 맞이한 잿빛 갈매기 한 마리가 눈에 띤다. 생명이 사라진 모습은 쓸쓸하고 안쓰럽다. 그는 드넓은 바다를 무대로 날개를 펴고 자유롭게 활공하던 시절도 모두 잊은 채 두 눈을 감고 두 발을 가슴에 모으고 자연의 품으로 돌아간다. 지구 온난화의 현장처럼 느껴지는 해변의 방풍림은 파도와 바람의 침식작용으로 사구가 무너져 내리고 소나무들이 뿌리를 허공에 뻗은 채 쓰러져 신음한다. 저만치 바다 한가운데 자리한 외딴 섬은 무슨 이야기를 품고 있을지 궁금하다.

2021년 유엔에서 선정한 세계 최우수 관광마을로 선정됐다고 화제가 된 퍼플섬을 찾았다. 섬과 섬 사이를 연결해 놓은 다리에 보라색 색깔을 입혀 보라섬이라는 이국적 풍경을 연출했다. 안좌도에서 반월도를 이어 놓은 퍼플교를 걷는 기분이 행복감을 준다. 다리 난간에서 바라본 넓은 갯벌은 썰물 때인지 맨몸을 드러낸 채 햇볕에 그을린다. 짱뚱어들이 폴짝거리고 농게들이 집게발을 들어 올리며 먹이 활동을 하느라 분주하다. 이러한 생명의 갯벌이 간척사업으로 많이 사라져 가는 것이 아쉽다. 퍼플섬 중에 박지도는 일정상 생략하고 대표적인 반월도만 전동차를 타고 천천히 섬 한바퀴를 둘러보았다. 입장할 때 보라색 옷을 입으면 무료 입장이지만 일인당 5천원의 입장료를 내야 한다. 주민들의 상술이 좋아 보라색 우의를 7천원에 사면 입장료는 면제되는 쪽을 택했다. 시골 마을의 지붕이나 담장은 보라색으로 단장했고 주민들의 옷차림도 보라색이다. 무엇보다 마편초라는 보라색 꽃길이 조성돼 인상적이다. 향기는 나지 않지만 꽃 모양이 동그랗고 긴 대궁에 매달린 방울 같은 보라 꽃송이가 종소리를 내는듯하다. 감미로운 보라색의 향연으로 초대하는 듯 마편초 군락지도 포토 포인트로 안성맞춤이다. 반월도엔 80여 가구에 백여 명의 주민들이 살고 있고 김과 전복 양식장으로 소득 수준이 높다고 한다. 모내기가 끝난 들녘엔 하얀 왜가리 떼들이 살금살금 걷고 있고 바다에 설치한 김 양식장이 한가롭다. 더구나 이런 외진 섬마을에 퍼플섬을 만들어 관광지로 성공한 것을 보면 그들의 참신한 아이디어가 돋보인다.
　반월도에서 이웃한 섬들 중에 하의도가 있는데 김대중 전 대통령의 생가가 있다. 내게도 아내가 이곳에서 섬마을 교사로 3년 동안 근무한 인연이 닿아 더욱 가보고 싶은 곳이다. 유명 화가인 김환기 화백도 신안군의 완도 섬에서 태어났고 세계 최초로 알파고와 바둑 경기를 벌려 승리한 이세돌 기사도 이곳의 비금도가 고향이다. 섬 출신의 큰 인물들이 수평선을 바라보며 섬이 주는 기운으로 포부를 키워나간 게 아닐까 싶다.

어머님이 좋아하셨던 보라색 옷이 퍼플섬에 오니 갑자기 생각난다. 오동꽃이 연한 보라색이다. 당신은 여름철이면 오동 보라색 모시옷 상의를 걸쳤고 몸매와 잘 어울리고 평안해 보였다. 어머님이 하늘나라로 가신지 14주기를 맞이하여 이번 모임은 신안군 증도섬으로 2박 3일 동안 6남매 부부의 12명이 참석했다. 세월은 못 속인다고 이제 고령에 접어든 형제자매들이 코로나 사태로 3년 동안 중단되었다가 모처럼 다시 모이게 되니 너무나 반갑고 화기애애한 분위기가 넘치는 듯하다. 가장 젊다고 해도 막내도 벌써 60대 중반을 넘어서고 7, 80대의 노인네들의 모임이 얼마나 계속될지 알 수 없다. 어렵고 힘든 삶의 과정을 거쳐 이제 안정된 가정생활로 자수성가한 형제자매들을 보면 애틋한 감회에 젖는다. 백발이 성성해진 큰 형수님은 나의 초등학교 동창생의 누님이었고 내 옆지기는 큰 형님의 친구 아내분의 동생이 되는 인연이 되었다. 증도 바닷가에 앉아 철썩이는 파도를 바라보며 큰형님이 내게 들려준 라이프 스토리를 듣는다. 그는 지방대 약대에 합격하여 겨우 한 학기를 마치고 집안 형편으로 더는 학업을 계속할 수 없었다. 실의의 나날을 보내던 중 선배가 먹고살려면 기술을 배우는 게 좋다고 하여 무작정 서울로 올라왔다. 친구 집에 신세를 지며 라디오 기술 학원에 다니던 중 4.19혁명이 터졌다. 길거리의 군중들 틈에 끼어 광화문 사거리에서 경무대(현 청와대)로 향했다. 이때 경찰이 무차별 발포를 시작하여 옆에 있는 사람들이 푹푹 쓰러지고 피투성이가 되었다. 그는 와락 겁이 나서 죽어라 하고 도망쳐 겨우 친구 집에 이르러 흠뻑 젖은 상의를 벗어보니 다행히 총 맞아 흐르는 피가 아니고 땀이라는 사실에 안도의 한숨을 내쉬었다. 뉴스를 통해 연락은 닿지 않고 죽은 줄 알았던 시골집 부모는 그의 얼굴을 보자마자 한참이나 부둥켜안고 울었다. 다시 집에서 빈둥거리며 지내는데 고향 선배가 그를 보고 수업료가 비싼 약대를 포기하고 새로 신설된 수물과(수학. 물리학과)로 전과를 하라고 조언했다. 그는 즉시 학교로 찾아가 전과한 뒤 어려운 공부를 겨우 마치게 되었다. 교사 순위 고사를 거쳐 모교에서 교편을 잡게 되어 마침내 첫 직장의 문이 열렸다. 시골에서 중학교를 마친 나는 광주에서 고등학교에 다녀야 했기에 형에게 의지하였다. 나도 신문 배달이나 시내 양장점 숙직 아르바이트하며 곤궁한 가계를 도와야 했다. 5·16 쿠데타로 교직에서 억지로 밀려난 아버님은 바랄 수 없고 큰형님이 아니었더라면 나도 학업을 이어 나갈 수 없었으니 참으로 아슬아슬했다. 인생의 중요한 고비에서 누군가 조언해 줄 수 있는 사람을 만난다는 것이 얼마나 감사한 일인가를 형님의 삶을 통해 깨닫게 한다.

　신안 섬을 빠져나오며 무안을 거칠 때 양파 생산지로 유명한 황토밭이 선명하다. 이곳이 옆지기의 고향이고 나는 이웃에 있는 함평에서 중학교까지 마쳤다. 더욱 잊지 못 할 일은 나와 고등학교 동창이고 한 직장에서 근무한 친구가 몇 년 전에 암으로 세상을 떠나 이곳에 묻혀 있다. 우리 가족이 2박 3일의 남도 섬 여행을 마치고 돌아오는 차 안에서 긴급 뉴스가 전해졌다. 일본의 아베 전 총리가 피습을 당하여 사망했다고 한다. 한 치 앞을 알 수 없는 연약한 인간의 실존 앞에서 허망한 느낌이다. 비워 둔 아파트 현관문을 열고 들어설 때 비로소 안도의 한숨이 나오는 건 왜일까.

청와대 개방

먼 빛이나 뉴스 시간에 나오던 청와대가 2022년 5월10일을 기하여 제20대 대통령 취임식에 맞추어 국민의 품으로 돌아왔다. 어떤 할아버지 말처럼 오래 살고 볼 일이었다. 정부수립이후 이곳을 거쳐간 역대 대통령이 12명이고 74년만이니 내가 살아온 세월과 함께 했다. 서울 시민들의 봄맞이 나들이 장소로 인기를 말해 주듯 인터넷 예약을 해야 볼 수 있고 수많은 인파가 몰려든다. 평소에 굳게 닫힌 철창문이 활짝 열리고 위압감을 주는 보초병의 모습도 보이지 않는다.

청와대의 상징인 북악산 배경으로 본관 건물이 나타나고 잔칫날처럼 앞마당 잔디에서 풍물패의 사물놀이 공연이 한창이다. 신나게 두드려대는 장구와 북소리며 꽹과리와 징소리, 고깔모자 리본도 공중 원을 멋지게 그린다. 대통령 집무실과 접견실은 아직 미공개 상태이고 보초병이 문 앞에 부동자세로 서 있다. 구 본관 터인 경무대는 천하제일 복지福地라고 안내판에 적혀 있으니 얼마나 좋으면 그리 표현했는지 모르겠다. 이곳은 일제 강점기에는 총독 관저로, 미군정시에는 사령관 숙소로 사용했다고 한다. 초대 이승만 대통령도 4.19혁명으로 하와이 망명길에 오르기까지 이곳에 머물렀다. 노태우 대통령이 건물이 낡고 초라하다 하여 다시 지을 것을 지시하여 1991년에 완공돼 지금의 청와대 건물이 탄생했다.

대통령 관저는 가장 인기가 높은 볼거리인지 시민들이 길게 줄을 서서 입장을 기다려야 했다. 며칠 전까지도 현직 대통령인 문재인 부부의 거주지이었던 탓에 더욱 호기심이 생겨난 걸까. 청와대와 같은 푸른 기와지붕이 햇볕에 반질반질 윤이 나고 대문앞 현판은 인수문仁壽門이라고 쓰여 있다. 멋진 소나무들이 떠난 주인을 아쉬워하듯 수문장 역할을 하고 시민들은 저마다 기념 촬영에 바쁘다. 북악산 자락의 숲에 둘러싸인 관저는 고즈넉한 분위기이고 과연 이곳에 머물면 구중궁궐의 느낌이 들 것 같다. 본관 앞에서 장구 치고 북 치는 소리도 희미하게 들리고 적막강산이 아닐까 싶다. 대통령이라는 무거운 자리에서 스트레스를 풀고 휴식을 가질 수 있는 공간이지만 외딴 곳에서 밀려드는 외로움도 있을 것 같다. 뭔가 갇혀 지내는 답답함에 호젓한 숲길을 따라 산책을 나설 수도 있었겠다.

녹지원은 어린이날 같은 행사 때 자주 텔레비에 비추는 장소로 눈에 익는다. 이곳에서 청와대의 마지막 주인이 된 문재인 대통령이 기자회견을 했던 장면도 떠오른다. 파란 잔디밭은 아직 예쁘진 않지만 한 쪽의 소나무들이 기품있게 우뚝 서 있다. 김영삼 전 대통령은 녹지원의 잔디밭 둘레를 따라 조깅을 즐겼다. 김대중 전 대통령은 코스모스를 좋아하여 둘레에 심어 놓았다고 한다. 청와대 직원들이 대통령이나 외빈들이 이곳에서 꽃이나 새 이름을 물으면 바로바로 대답이 나와야 하기 때문에 따로 교육을 받았다. 유머인지 모르지만 이름 모르는 꽃이 보이면 살포시 지르밟고 모르는 새소리가 들리면 돌을 던져 쫓아 보냈다고 한다. 상춘재는 외빈 접견실로 녹지원에서 가까운 한옥 한 채가 자리했다. 정겨운 창호지 방문을 열어 볼 수 없지만 뒤란으로 돌아가 보니 툇마루가 있어 한 번 엉덩이를 붙여 보았다. 편안하다. 나 혼자 뿐인 이곳의 호젓한 분위기에 젖어 벽에 기대고 한숨 졸고 싶은 생각이다.

관저 뒤쪽 숲길로 이어진 북악산(백악산) 등산로도 이번에 동시에 개방되었다. 데크 길을 따라 올라 가다보면 중턱쯤에 청와대 전망대가 나온다. 이곳에서 바라보는 전망은 푸른 기와지붕이 더욱 선명하게 돋보이는 본관 건물은 물론 맞은 편의 남산 타워 및 서울 시내 광화문 일대도 훤히 보인다. 산책로 중턱쯤에 석조여래 좌상(미남불)이 인자한 얼굴로 맞아 준다. 이런 곳에 웬 불상이 있는지 생뚱맞은 느낌이 들었는데 일제 때 조선총독부가 경주에서 가져다 놓았다고 한다. 이제 원래 있던 경주 지역으로 옮겨 달라는 요구가 문화재청에 전달되어 어찌 처리될지 관심 사항인 듯하다. 청와대 숲속에서 긴 세월 억울하게 갇혀 지낸 통일 신라 때 불상이 제 자리를 찾아갈 날이 오지 않을까 싶다.

서울도성으로 통하는 등산로가 북한의 김신조 일행이 청와대를 습격(1968년 1월 21일)하는 사건이 일어나 폐쇄된지 54년 만에 다시 탐방객들에게 개방되었다. 백악정까지 올라와서 다시 조선 시대 후궁 7명의 위패를 모신 칠궁으로 발길을 돌렸다. 경종(제20대)을 낳은 장희빈과 영조

(제21대)를 낳은 숙빈 최씨, 사도세자를 낳은 정빈 이씨, 영친왕을 낳은 귀비 엄씨등이 이름을 올렸다. 임금의 총애를 받고 후궁의 삶을 살았지만 행복하지 못했던 그들에게 이러한 사당이 꾸며져 그나마 위로를 받는 듯했다.

  청와대 정문을 빠져나와 길 건너 맞닿게 되는 경복궁에 들렀다. 조선시대의 청와대 격인 왕궁을 천천히 거닐다 보니 태조 이성계로부터 27대 순종, 현재의 20대 대통령에 이르기까지 역사의 거친 물결을 생각해 보는 시간이 되었다. 무엇보다 건청궁은 고종이 마지막 머물던 관저로 명성왕후의 비극을 안고 있다. 지난 연속극에서 궁녀들에게 둘러싸인 국모는 위엄을 잃지 않고 '나는 조선의 국모이니라'하면서 떳떳하게 일제가 보낸 자객들에게 최후를 맞이한 우렁찬 음성이 들려 오는듯하다. 이런 비참한 역사가 다시는 되풀이되지 않도록 우리는 국력을 튼튼히 해야 하겠다. 건청궁 앞에 있는 아름다운 연못에 오월의 미풍이 불어와 수양버들은 무심한 듯 춤을 춘다. 경복궁 최고의 미관을 자랑하는 경회루에 이르렀다. 왕과 신하들이 경사스런 날을 맞이하여 흥겨운 풍악을 울렸던 그 날을 떠올리게 한다. 이곳에서 바라보는 인왕산은 중종 임금의 애달픈 사랑을 느끼게 한다. 연산군을 쫓아낸 반정으로 왕위에 오른 중종은 자신의 사랑하는 조강지처를 할 수 없이 궁 밖으로 내보내고 안타까운 마음을 달랜다. 이 소식을 들은 왕비는 경회루에서 잘 보이는 인왕산 바위에 치마를 펼쳐 놓고 바라보게 했기에 지금도 그 바위는 치마바위란 이름을 얻는다.

  제 20대 대통령이 결단한 청와대 개방이란 역사가 잘 펼쳐지기를 바라며 옛 왕궁을 천천히 걸어 나오니 광화문 앞의 차량과 인파가 역동적인 대한민국의 미래를 그려 보게 한다.

한눈에 반한 사랑

　서울 용산구에 있는 효창공원을 찾았다. 차를 타고 지나치기만 했을 뿐 여유 있게 둘러본 적이 없었다. 요즘 방영 중인 텔레비전 사극에 '옷소매 붉은 끝동'의 한 궁녀와 임금의 사랑이 나온다. 정조 (조선조 22대 왕) 의 두 번째 후궁(의빈 성씨)과 그들 사이에 태어난 문효세자(정조의 장남)의 무덤이 자리한 곳으로 알려진 효창공원 때문이었다. 공원 입구의 안내문을 살펴보니 헛걸음이란 생각에 실망이 된다. 당시에 효창원이란 왕실 무덤이 분명하지만 일제시대에 우리의 역사를 격하시키기 위하여 서삼릉으로 강제 이장 되고 명칭도 공원으로 바꾸어 버렸다고 한다. 현재는 백범 김구 선생을 비롯한 윤봉길, 이봉창, 백정기 등 독립 유공자 묘역으로 조성돼 있었다.
　정조가 왕으로서 마음만 먹으면 얼마든지 비천한 궁녀(성덕임)를 후궁으로 맞이함에 사랑이란 감정은 그저 사치일 뿐이었다. 그러나 정조는 역대 어느 왕들과 인품 면에서 다르게 느껴진다. 왕으로서 굳건한 책임의식을 느끼고 백성을 자신의 가족처럼 여겨 평등하게 대하려 했고 노비제도의 부당성을 인식해 어떻게든지 자유를 주고자 고심했다. 왕으로서 한 궁녀를 마음에 품고 결코 강제성이 없이 자유의사에 맡겨 자신의 품으로 돌아오기를 수년 동안이나 기다렸다. 궁녀 성씨는 여느 궁녀들과 다르게 왕의 승은을 입는 걸 원하지 않았고 자기 의사를 분명히 밝힐 줄 알았다. 만약 왕의 요구대로 후궁이 되면 자신이 궁녀로서 누릴 수 있는 자유를 잃고 자신의 전부를 바쳐야 하는 왕의 여자로 구속받고 살기를 싫어한다. 아마 이러한 그녀의 당당함이 더욱 왕의 마음을 끌어당기고 포기할 수 없는 매력을 주었는지 모른다. 왕이 아니라 한 사내로서 그녀의 마음을 얻지 못한 자존심도 작용했다고 보여진다. 결국 열 번 찍어 안 넘어가는 나무가 없듯이 결국 왕의 구애에 후궁이 되었고 아들을 얻어 세자의 어머니가 되었다. 하늘은 두 사람의 행복을 시샘하듯 홍역으로 네 살 나이에 아들은 그만 죽어 버리고 뒤이어 의빈 성씨도 병을 얻어 세상을 마감한다. 정조는 평생에 간직했던 유일한 첫사랑을 잃고도 놀라운 절제력으로 이성을 회복하고 마침내 훌륭한 성군의 발자취를 역사에 남겼다. 그러나 성덕임의 바람대로 궁녀의 삶을 그대로 인정해 주었더라면 그 같은 불행은 당하지 않을 수도 있었으리라는 생각에 정조는 일말의 후회를 보여 준다.

북한산 국립공원의 정문 안내소 근처의 천변에 유희경. 이매창의 시비가 세워져 있다. 두 분의 애틋한 사랑을 엿볼 수 있는 시 두 편이 발길을 멈추게 한다. 이곳에 시비가 세워진 이유는 서울 도봉구와 부안군 사이에 자매결연이 맺어진 탓이다. 촌은 유희경(1545년-1636년)은 천민 출신이었으나 양주 목사 남언경에게 문공가례를 배워 국상에 자문할 정도로 예禮에 밝았다. 하층민으로 먹고살기 위한 기술을 배우지 않고 그는 시를 배워 당시 문단에서 알아주는 문장가로 명성이 높았다. 서울의 유일한 서원인 도봉서원 창건의 책임도 맡았고 임진왜란 때 의병을 일으켜 싸운 공로로 품계가 가의대부(종 2품)까지 올랐다. 그는 전라도에 놀러 가는 길에 부안에 들려 운명의 이매창(1573년-1610년)을 만나게 되었다. 처음 본 순간 그들은 서로의 매력에 빠져들어 연인 사이로 발전한다. 당대의 바람둥이 같던 허균도 매창을 함부로 넘보지 못하고 정신적인 친구로만 거리감을 두고 지내는 처지였다. 반면에 촌은과 매창은 신분적으로 비슷했고 무엇보다 뛰어난 시조 시인으로 서로의 공감대가 형성된 탓일 수 있었다.

    이화우 흩뿌릴 제 울며 잡고 이별한 님/추풍낙엽에 저도 날 생각는가
    천리에 외로운 꿈만 오락가락 하노라
                                  - 매창 시 「이화우」

    그대의 집은 부안에 있고 /나의 집은 서울에 있어
    그리움 사무쳐도 서로 못 보고/오동나무에 비 뿌릴 제 애가 끊겨라
                                          - 촌은 시

    기생 출신의 3대 여류시인(황진이, 이매창, 허난설헌)중의 한 명인 황

진이가 화담 서경덕(1489년-1546년)과의 사랑도 여운을 남긴다. 콧대가 센 황진이가 당대에 유명한 두 분을 자신의 발아래 엎드리게 할 수 있다는 자신감으로 접근해 지족선사와 화담을 겨냥했다. 결국 고승인 지족선사는 그녀의 유혹에 무너졌지만 화담은 끝까지 동요하지 않았다. 이에 감화를 받은 황진이는 화담의 제자가 되어 정신적 교감을 나누었다. 내로라하는 사내들이 그녀에게 얼마나 사랑을 얻고 싶어했을까 하는 생각이 든다. 생몰연대가 불분명한 황진이는 조선시대 최고의 사랑꾼이 아니었다 싶다.

청산리 벽계수야 수이 감을 자랑 말라/ 일도창해하면 다시 오기 어려워라 /명월이 만공산하니 쉬어간들 어떠리

- 황진이 시 「청산리 벽계수」

서울 성북구에 자리한 길상사를 찾아가면 여기가 전에 유명한 고급 요정이었지만 법정 스님에게 전 재산을 절터로 시주했다는 백석의 연인, 자야(본명 김진향)의 사연이 담겨 있다. 길상사의 경내를 둘러보면 한쪽에 백석(1912년-?)의 유명한 시 한 편이 적힌 시비가 나타난다. 그녀는 전통 궁중 가무에 능한 권번 출신으로 백석 시인을 만난 곳은 함흥이었다. 당시에 고등학교 영어 교사로 와 있던 시인을 회식 자리에서 만나 서로 한눈에 반하고 연인 사이로 발전한다. 자야子夜라는 아호도 백석이 멋지게 지어 주었다. 시골 고향(평북 정주)에서 부모님이 정해 준 강제 혼

인을 세 차례나 거부하고 서울로 도망쳐 온 것은 오로지 자야에 대한 사랑 때문이었다. 그는 괴로운 나머지 자야에게 만주로 도망가 함께 살자고 간청했으나 뜻을 이루지 못한 채 홀로 만주를 거쳐 북한으로 들어가 활동했다. 훗날 자야는 '내 사랑 백석'이라는 자서전을 출간했고 '백석의 시 한 편이 천만금보다 귀하다'라는 메시지를 남겼다.

> 가난한 내가 아름다운 나타샤를 사랑해서/ 오늘 밤은 눈이 내린다
> 나타샤를 사랑은 하고 / 눈은 푹푹 내리고
> 나는 혼자 쓸쓸히 앉아 소주를 마신다
> 소주를 마시며 생각한다 / 나타샤와 나는
> 눈이 푹푹 쌓이는 밤 / 흰 당나귀를 타고 산골로 가자
> 출출이 우는 깊은 산골로 가 / 마가리에 살자
> 눈은 푹푹 내리고 / 나는 나타샤를 생각하고
> 나타샤가 아니 올 리 없다/ 언제 벌써 내 속에 고조곤히 와 이야기한다
> 산골로 가는 것은 세상한테 지는 것이 아니라
> 세상 같은 건 더러워 버리는 것이다
> 눈은 푹푹 내리고/ 아름다운 나타샤는 나를 사랑하고/어데서 흰 당나귀도 오늘 밤이 좋아서 응앙응앙 울을 것이다.
>
> – 백석 시 「나와 나타샤와 흰 당나귀」, 1938년 작

인생의 황혼 녘에서 언제 내가 가슴이 뛰고 마구 설렜던 시절이 있었나 싶어진다. 청춘을 보내면서 그토록 이루고 싶었던 사랑이 있었다 한들 이제 희미한 옛사랑으로 사라져 버렸다. 한눈에 반한 사랑. 그래도 무지갯빛으로 떠올릴 수 있는 러브스토리 하나쯤 가슴에 간직하고 있다면 내 인생은 결코 잘못 산 게 아니리라.

무진길

– 순천만 갈대밭, 순천 문학관

때늦은 갈대밭 길을 걷는다. 한 생애를 마감하는 뒷모습은 언제나 애틋하다. 보행기에 의존하여 힘겹게 골목길을 걸어 나오는 할머니를 만난 듯하다. 은 머리칼을 화려하게 바람결에 날려 보내며 으스대던 시절은 옛날인 듯 잿빛 솜뭉치로 변해 버린 갈대밭은 쓸쓸한 기운이 감돈다. 이곳에서 새끼를 기르며 시끄럽게 울어대던 개개비새나 붉은머리 오목눈이새는 어디로 갔을까. 뻘 속을 헤집고 다니던 칠게와 농게, 짱뚱어들은 또 어찌 됐을까. 갯펄둑에 나란히 앉아 한가로운 오후를 즐기는 가창오리들은 미동도 하지 않고 졸고 있다. 스산한 바람결에 갈대들은 베토벤의 운명 교향곡처럼 우렁차던 몸짓을 버리고 뼈마디 부딪는 소릴 낸다. 드넓은 갈대밭 사잇길을 요리조리 거닐 수 있는 데크길에 사람들은 추억 쌓기에 바쁘다. 답답한 일상을 훌쩍 떠나 온 관광객들은 갈대밭의 품 안에서 자신을 내려놓는다. 숨이 트이는 공간, 자연과 하나 되는 치유의 공간이다. 비록 시원한 공기를 폐에 실컷 밀어 넣지 못하고 마스크 차림의 군상들이지만 모두 행복한 표정이다.

갈대밭을 빠져나와 긴 방죽길을 걸어 무진기행의 김승옥(1941년-)소설가의 문학관을 찾는다. 무진霧津이란 지명은 실제 존재하지도 않는데 작가는 가상의 공간이지만 사실 순천만을 배경으로 했다. 소설 속 주인공은 이곳의 명산물을 갈대밭이라 하지 않고 햇볕과 공기와 소금기, 이들을 합성하여 만든 수면제일 것이라고 했다. 무진은 안개에 휩싸인 음험한 도시로 방죽길의 냇가에서 자살하는 사건이 수시로 발생했다. 서울에서 잠깐 다니러 온 사내는 결국 한 여인을 울리고 무진을 떠나는 버스에 도망치듯이 몸을 실었다. 남자의 거짓 약속에 배신감을 느낀 여자는 어쩌면 또 한 명의 자살 사건을 일으키지 않았을지 모른다. 문학관 가는 길의 표지판에 소설의 내용을 압축적으로 발췌한 내용이 발견된다.

'버스가 산모퉁이를 돌아갈 때 나는 '무진 10km'라는 이정비를 보았다'로 시작 되어 '덜컹거리는 버스 속에 앉아서 길가에 세워진 하얀 팻말을 보았다. 거기에 선명한 검은 글씨로 '당신은 무진을 떠나고 있습니다. 안녕히 가십시오'라고 씌여 있었다. 나는 부끄러움을 느꼈다'로 끝난다. 내일의 꿈과 낭만을 용인하지 않는 힘든 사회 조직 속에서 기호화 되고 단자화된 삶을 살아가야 하는 현대인을 형상화한 소설이다.

소설 속 여자는 남자에게 말한다. '세상엔 착한 사람이 있을까? 착하게 보아주려는 마음이 없으면 아무도 착하지 않을거예요' 라고. 지루하고 답답한 무진을 떠나 서울로 가고 싶은 여자를 남겨 두고 남자는 자신만의 안락을 추구하는 속물로 변해 결국 서둘러 떠나고 만다.

순천 문학관은 긴 방죽길의 끄트머리에 고즈넉하게 자리 잡았다. 마치 민속촌에 온 듯한 분위기를 풍긴다. 초가지붕으로 엮은 단독주택에 순천을 대표하는 두 분의 작가(김승옥, 정채봉)를 만날 수 있다. 김승옥 문학관에서 보게 된 영상에서 그는 자신의 문학이 어릴 적부터 독서광이라 불리울 만큼 많은 책읽기에 있었다고 알려준다. 역시 작가는 독서를 통해 자신의 잠재력을 키우고 있지 않나 싶다. 그의 무진기행이 젊은 작가들에게 많은 소설적 영감을 가져오는 것처럼. 정읍 출신인 신경숙 소설가는 김승옥이 자신에게 미친 영향이 지대함을 서평으로 고백한다.

내 스무살은 무진기행에 사로잡혀 끊임없이 균열이 졌다. 어떤 분일까? 이런 글을 쓰는 분이라면 설령 그가 차갑고 냉담한 분이라 해도 도저히 미워할 수 없을 거라고 생각하는 동안에도 내 의식은 계속 균열이 졌다. 겨우 스무살인데 부서질 게 그리도 많았다.

김승옥은 순천만 방죽길은 무진기행의 가장 중요한 현실적인 배경이었고 40여 년 전에 쓴 이 짧은 소설이 아직도 이야깃거리가 된다면 그것은 그 문장에 스며든 '내 슬픔의 힘' 때문일 것이다라고 말한다. 소설에서 공간의 중요성을 이 작품을 통해서 알게 해 주었다. 그는 소설가로 외길을 간 게 아니라 영화 각본이나 각색을 통해 그의 재능을 유감없이 발휘했다. 이어령의 장군의 수염을 각색했고 시나리오 작품으로 어제 내린 비, 영자의 전성시대, 겨울 여자, 여자들만 사는 거리, 도시로 간 처녀들 등이 전시관에 포스터로 소개되었다.

우리나라의 대표적 동화 작가인 정채봉(1946년-2001년) 문학관에는

'마음의 고향이 동심童心이고 세상을 구한다'는 그의 문학관이 공감을 불러 일으킨다.

    흔히들 동심을 아이 마음으로만 말하나 나는 한걸음 나아가 영혼의 고향이라고 생각한다, 이 동심으로 우리는 악을 제어할 수 있으며 죄에서 회귀할 수 있으며, 신의 의지에로 나아갈 수 있다. 이 영혼의 고향 구현이 나의 작품 세계의 기조이다.

- 작가의 말에서

    혼탁한 세상에서 맑은 동심의 세계를 고집하여 종교적 차원으로 승화시킨 그의 동화 사랑이 얼마나 대단한지 짐작케 한다. 작가의 어머니가 스무살 젊은 나이에 세상을 떠나고 아버지도 일본으로 유학을 떠나버린 채 할머니 밑에서 자랐다. 유년기의 외로웠던 환경이 그를 생각이 많은 아이로 자라게 했고 자연과 벗하고 관찰하는 습관으로 정서적 부자가 될 수 있었다. 그런 탓인지 정채봉 작가는 그가 쓰는 글의 많은 부분이 어린 시절의 기억에서 비롯되었다. 유년 시절에 할머니를 따라다녔던 승주 선암사의 추억이 '오세암'이라는 작품을 낳게 했고 '스무살 어머니'라는 수필집도 쓰게 했다.

    안개 낀 방죽길을 실제로 만나 보지 못했지만 시간도 삶도 안개되어 떠돌던 음험한 공간으로 묘사했던 김승옥의 무진길은 내게도 마술같은 공간이다. 스산한 바람결에 흔들리고 있는 갈대밭은 신경림 시인의 싯구의 한 귀절처럼 '산다는 것은 속으로 조용히 울고 있는 것'으로 여겨진다. 어디론가 훌쩍 떠나고 싶은 괴로움 앞에서 나는 아마 순천만 갈대밭 길을 떠올리게 될 것이다.

하늘거리던 은빛 날개를 잃어 버리고/ 초라한 몰골
잿빛 머리칼만 갈바람에 날린다
갯펄에 앉아 한가로운 가창오리들 / 졸음에 겨워 그림이 되고
귀여운 짱뚱어들/ 먹이사냥에 살살 미끄럼을 탄다
드넓은 갈대밭 사이를 / 데크길 따라 걷다보면
사람들도 서걱거리는 갈대를 닮아 간다
순천만 갈대밭에 오면 /평화로운 세상의 합창
언제까지나 머물고 싶다

- 졸시「순천만 갈대밭」전문

놀멍쉬멍

　사람들은 여행에 목말라 했으리라. 무려 2년 가까이 해외여행은 막히고 국내 여행으로 몰리는 탓에 제주도는 바글바글하는 게 아닐까. 평일인데도 우도 가는 배를 타며 놀란다. 거대한 유람선에 관광객들이 꽉 찬다. 갈매기들도 먹이를 던져주는 사람들에게 길들여져 공중묘기를 부리면서 허기진 배를 채우려 한다. 비록 치사하지만 우리들에게 먹고사는 문제는 심각하다는듯 한 개라도 더 새우깡을 낚아채기 위해서 그들은 야단법석이다.
　소의 머리 모양을 닮았다는 우도 선착장에 내려 천천히 걷는다. 이곳이 제주도에서 가장 가까운 거리의 섬이고 비양도라는 또 다른 섬과 연결돼 요즘 인기 있는 관광지로 손꼽히는 게 실감이 난다. 장삿속에 빠른 사업자가 섬 둘레를 편하게 둘러볼 수 있는 꼬마 전기차를 개발하여 젊은 남녀들이 너도나도 타고 다닌다. 좁은 길거리에 체증이 생기고 소음이 그치질 않아 고즈넉한 섬 분위기와 딴판이다. 우도의 자연을 만나고 싶어 조용한 올레길을 걷는다. 다행히 귤밭이 있는 외진 길을 만나 발걸음을 옮기니 마음이 여유롭다. 갯쑥부쟁이꽃들이 피어나 반갑다고 웃고 밭에서 풀을 뜯고 있는 말이 누구냐고 멀뚱거린다. 껍질 쪽에 가시 모양의 뿔이 나서 뿔소라란 이름을 얻었는지 올레길 군데군데 탑을 쌓아 놓았다. 고동 비슷한데 이곳 특산물인 듯 보말이란 해산물도 흔한 것 같다. 해녀의 집이란 간판을 보고 음식점에 들어가니 역시 뿔소라와 보말 회가 주메뉴로 나온다. 질기고 쫀득쫀득한 맛이 특별하지만 나로선 이가 시원찮아 씹기가 조심스럽다. 우도 속 섬이라는 비양도에 캠핑촌이 생겨나 젊은이들이 텐트를 치고 야영 장소로 인기가 높다고 한다. 바닷가 넓은 들녘에 우뚝 솟은 봉수대가 전망대 역할을 한다. 맑은 하늘 아래 파도가 잔잔한 제주 바다는 탁 트인 수평선이 한눈에 보이고 물빛이 연초록과 코발트 빛으로 갈 볕에 눈부시다. 까만 현무암 더미가 쫘악 깔린 해변은 외계 행성에 불시착한 듯한 느낌을 준다. 태풍에 떠밀려 온 듯 패트병과 폐그물 등의 쓰레기가 여기저기 널려 있어 지구환경의 오염 문제가 다시 한번 떠올려진다.

쇠소깍에서 남원까지 올레길 5코스(15km)를 다시 걷는다. 한라산에서 내려 온 계곡물과 바닷물이 합류되는 지점에 넓은 연못이 생겨나 진한 잉크색 물감을 풀어 놓은 듯하다. 이곳에서 보트를 즐기는 젊은이들이 행복해 보인다. 쇠소깍 근처에 테라로사라는 국내 유명 커피점이 자리하고 있어 아메리카노 한 잔을 음미한다. 국민 음료가 된 커피가 그 맛이 그 맛인 것같은데 사람들은 굳이 유명브랜드를 찾아 어려운 발걸음을 하는지 마니아가 아닌 이상 무슨 말을 하랴. 올레길이 숲길이나 고즈넉한 옛길로만 이어지는 게 아니라 차도나 마을 길도 나오니 화살표 표지를 놓치면 헤매기 일쑤다. 어느 회장님 별장인지 야자수 나무들이 이국적인 정취를 자아내고 정원이 넓은 저택이 나온다. 도로변과 해안을 경계로 길게 돌담이 쌓여 진 길이 지루할까봐 그랬는지 올레꾼들의 눈길을 사로잡는 시화전 느낌의 전시가 펼쳐진다.

    가장 헛된 날은 웃지 않는 날이다.
    꽃잎 떨어져 바람인가 했더니 세월이더라.
    차탕 다니지 말앙, 촌촌이 걸으멍 지꺼지게 놀당갑서.
    (차타고 다니지 말고 천천히 걸으면서 즐겁게 놀다가세요)

    제주 방언이 세찬 바람 탓인지 짧게 끊어 말하는 생활 습관이 얼른 입을 닫는 의사 소통구조인듯 싶어 재미도 있고 정겹다. 5코스 길은 거의 해안선을 따라 터벅터벅 걸어야 한다. 오로지 현무암 군락으로 이루어진 해변은 풀과 나무들이 좁은 틈새에서 자라나 초록빛을 느끼게 하고 뿔소라와 보말이 갯펄에서 꿈틀대는 것이리라.
    제주 여행에 한라산 백록담을 빼놓을 수 없다. 그동안 여러 번 정상(1,950m)을 오른 적이 있기에 굳이 무리를 해서라도 오르고 싶은 욕심이나 미련도 없어진다. 한라산 정상을 향하는 성판악 코스와 영실 방면 코스에서 비교적 쉬운 영실 쪽으로 올라 윗세오름(1,700m)까지만 목표를 정했다. 입구에서부터 데크 길이 놓여 전혀 어려움 없이 오를 수 있도록 탐방로가 잘 정비된 편이다. 식물의 천국이라는 한라산답게 수목이 무성한 길에 조릿대 나무들이 온통 세력을 펴고 억센 생명력을 보여준다. 까마귀들도 이곳에 자릴 잡고 시끄럽게 영역을 지킨다. 박새나 직박구리 같은 작은 새는 거의 보이지 않는다. 까마귀 한 마리가 탐방객들에게 먹이를 달라는지 구상나무 우듬지에 외롭게 앉아 있다. 언제부터인가 지구 온난화 영향으로 한라산의 명물인 구상나무 군락지가 병들어 간다는 뉴스를 들었는데 아닌게아니라 고사목들이 많이 눈에 띠어 안타깝다는 생각이 든다. 화산분화 현상으로 용암이 흘러내려 300여개의 오름들을 볼 수 있는 한라산은 유네스코 생물권 보전지역으로 지정돼 있다고 한다. 이러한 제주의 자연을 사랑한 김영갑(1957년-2005년)은 이곳에 정착하여 집념의 사진 작업을 남겨 성산읍 삼달로에 폐교를 빌려 자신의 '김영갑 갤러리, 두모악'이라는 유품 전시실을 개관했다. 한 가지 일에 미쳐서 자기 세계를 완성한 사람들의 치열성이 언제나 부럽게 느껴진다. 흙을 밟고 바위를 벗삼아 힘겹게 오르기보다 인위적인 데크길로 편하게 오르니 감흥이 덜한 듯하다. 윗세오름에서 인증샷을 하며 250m 전방에 우뚝 버티고 선 원추형 정상을 바라보며 발길을 돌린다. 제주도의 어머니 산인 한라산 언덕에서 푸른 바다와 운무가 낀 오름들을 바라본다. 대한민국의 남녘땅을 지키는 최고봉인 한라산이 더욱 믿음직스럽게 다가선다.

성산포에서 새벽녘에 수평선 너머 얼굴을 내미는 해돋이 앞에 선다. 옅은 구름 사이로 꽃처럼 피어난 새날의 태양이 또다시 하루를 선물한다. 찬란한 햇살이 잔잔한 바다에 아로새겨진 무늬 같은 황금빛 카페트를 깔아 놓는다. 이생진 시인(1929년-)은 '그리운 바다 성산포'를 비롯한 제주 사랑 시편을 무수히 발표하여 명예 제주 도민이 되었다. 그의 시비 언덕이 있는 곳에 해돋이를 바라보며 '바다가 바다를 삼킨다'는 시를 읊조릴 때 제주 바다는 화답하듯 성산포 절벽 기슭에 철썩댄다.

   나는 떼어 놓을 수 없는 고독과 함께 / 배에서 내리자마자 방파제에 앉아
   술을 마셨다/ 해삼 한토막에 소주 두 잔/ 이 죽일 놈의 고독은 취하지 않고/
   나만 등대 밑에서 코를 골았다.

- 이생진 시 「그리운 성산포」 일부

수원 화성

참된 지도자는 결국 하늘이 주시는 게 아닐까. 조선시대에 세종대왕과 정조 대왕이 당시는 물론 현대에 이르기까지 선한 영향력을 끼치는 걸 생각할 때 감사와 고마운 심정을 느끼지 않을 수 없다. 마침 텔레비전 사극인 이산(1752년-1800년, 정조)에 빠져들어 수원에 있는 화성행궁을 찾았다. 200여년 전 그의 마지막 꿈을 실현한 현장에서 위대한 왕의 숨결을 만나고 싶었다. 그는 왜 한양도성에서 머나먼 이곳까지 행차하여 새로운 도성을 축조하고 어떤 포부를 이루고자 했는지 궁금했다. 청계천 벽화를 보면 어마어마한 화성 능행 행렬과 왕의 위엄을 보여주는 반차도를 보여준다. 할아버지 손에 비극적 죽임을 당한 사도세자의 무덤이 있는 현륭원 참배와 환갑을 맞이한 혜경궁 홍씨를 모시고 가는 그림 기록(1795년 2월, 원행을묘정리의궤)이었다. 행궁의 여러 건물들 중 봉수당이란 현판이 걸린 곳이 있다. 정조가 왕비와 함께 모친의 회갑상 앞에서 절을 올리는 모습이 마네킹으로 재현돼 왕의 지극한 효심을 느끼게 한다. 행궁 후미진 곳에 자리한 운한각은 정조를 모신 사당이다. 행궁을 준공한 후 얼마 되지 않아 미완의 꿈을 남긴 채 갑자기 승하한 정조는 죽어서도 이곳을 지키고 싶었던 게 아닐까. 아무튼 수원화성은 그 가치를 인정받아 세계문화유산(1997년)으로 등재되어 정조의 위대한 자취를 후세에 전해 주고 있다.

백성을 귀하게 여긴 애민정신의 정조는 당쟁에 휘말려 세손 시절부터 왕위에 올라서도 항상 죽음의 위협에 시달렸다. 정경유착으로 상권을 독점한 시전 상인들을 바로 잡고 일반 서민들에게 생업의 길을 열어 주고자 난전(노점상)을 허용코자 했다. 무엇보다 규장각을 설치하여 서얼 출신도 능력만 있으면 등용시키고 정치에 참여토록 했다. 이때 활동한 실학파 인재들이 박제가, 이덕무, 박지원, 유득공, 정약용 등이었다. 당시의 군주로서 노비문제에 대해 '사람은 모두 평등하다'는 개혁적 사고를 지니고 노비제 폐지를 실현시키고자 노력했다는 것은 놀랍기만 하다. 그는 단순히 학문 연구에만 정진한 게 아니라 무술 연마도 소홀히 하지 않았다. 이 때 숙위대장(현재의 경호처장)으로 임명된 홍국영은 초심을 잃고 권세욕에 눈이 어두워 왕비를 시해하려한 대죄를 저질렀다. 당연히 그는 중죄로 다스려 죽임을 면치 못할 줄 알았지만 정조는 관용을 베풀고 귀양 보내는 것으로 그쳤다. 조정 대신들이 모두 그를 죽여야 한다고 떠들어도 자신에게 충성을 다한 공로를 잊지 않고 용서해 주는 파격적인 처벌을 내렸다. 죄는 미워하되 사람은 미워하지 않는다는 그의 신념이었다. 정조의 여인에 대한 인격 존중도 훌륭한 면을 보여준다. 첫째 부인(효의 왕후)이 후사를 얻지 못해 후궁으로 맞이한 선빈 성씨(성송

현)는 어렸을 때 그의 동무이었다. 도화서(화원들의 관청)의 다모(화원의 보조)로 근무하던 성송현은 여자로서 재능을 인정받아 정식 남자와 동등한 화원이 되었다. 당시에 아무리 실력이 우수해도 여자는 화원 자격을 주지 않는 시대지만 정조의 배려로 가능했다. 그녀를 마음에 담고 있던 왕은 얼마든지 자신의 후궁으로 데려 올 힘이 있었지만 결코 그리 하지 않고 본인의 자유의사에 맡겼다. 임금으로서가 아니라 평범한 남자 대 여자로서 사랑을 얻고자 했다. 혜경궁 홍씨는 후궁 간택령을 내려 금수저 출신의 규수를 데려오는 것이 정상이라고 여겼기에 미천한 다모 출신의 흙수저를 결코 인정하지 않았다. 효의 왕후 김씨는 어진 심성을 지닌 분으로 자신이 채워주지 못하는 왕의 마음을 위로해 줄 수 있는 분은 오로지 성송현뿐이라고 권유한 탓으로 후궁 선택이 가능했다. 왕이 어렸을 적부터 동무처럼 지냈다고 해도 올라가지 못할 나무처럼 여겨지는 사이지만 결국 끈질긴 노력 끝에 사랑의 아름다운 꿈을 실현했다.

  정조는 인재를 발굴하는 안목이 뛰어나고 한 번 선택한 사람은 끝까지 믿고 최대한 능력을 발휘할 수 있는 기회를 주고자 했다. 이러한 인재 사랑의 대표적 인물이 바로 다산 정약용과 단원 김홍도이었다. 다산(1762년-1836년)은 실학의 최고봉으로 정조의 총애를 받고 한강에 배다리를 고안하여 화성 능행차 때 문제점을 해결하거나 수원성 수축에 동원돼 설계를 도맡고 기중기를 제작해 공사 기간을 단축시켰다. 그의 출세를 시기한 정적들이 그를 천주교인으로 몰아 18년 강진 유배 생활을 시켰지만 다산 초당에서 500여 권의 책을 저술하여 학문의 금자탑을 세웠다.

수원화성에서 가까운 공방거리를 거닐다 보니 조선의 천재 화가인 단원 김홍도(1745년-1806년)의 전시회가 열려 들어가 보았다. 그는 21세 때부터 궁중 화원으로 활동하여 영조 어진과 정조의 초상을 그릴만큼 천재적 재능을 인정 받았다. 수원 화성 의궤를 그려내기도 했지만 그는 오히려 풍속화가로 유명해 졌다. 장정들이 씨름하는 장면이나 벼 타작 하는 모습, 빨래터에서 여인네를 훔쳐보는 양반의 위선 등이 해학적으로 그려졌다. 그의 자유로운 정신세계를 엿보게 하는 그림에 미소를 짓지 않을 수 없다.

정순왕후 김씨(1745년-1805년)는 15세 나이로 왕비에 책봉되어 66세의 영조와 함께 살았다. 사도세자의 죽음을 당연시했던 노론 벽파의 실세로 정조가 왕위에 오르지 못하도록 온갖 방해공작을 했다. 정조가 수원화성을 완성하고 5년후에 갑작스레 세상을 떠나자마자 기다렸다는 듯 권력욕의 화신처럼 변해 11세의 어린 순조를 왕위에 앉혀 놓고 수렴청정에 들어갔다. 왕비는 조선의 지배윤리인 유교를 근본적으로 부정하는 천주교의 위험성과 정적인 시파나 남인 세력을 몰아내기 위하여 대대적인 천주교 탄압(신유박해, 1801년)을 단행했다. 이 때 500여명의 희생자를 낸 한국 천주교의 피의 역사가 아닐 수 없다. 최근에 천주교의 첫 순교자인 윤지충(1759년-1791년)의 유해가 230만에 전북 완주군 이서면 남계리에서 발견되어 언론에 크게 알려졌다. 그는 당시에 조상의 신주를 불사르고 유교식 예법에 따라 제사를 지내지 않았다는 죄목이었다. 정약용을 통해 천주교에 입교하고 이승훈에게 세례를 받았던 그는 성경의 진리를 고수한 참된 신앙인이었다.

요즘 수원화성에서 개혁군주인 정조대왕을 기리는 미디어 아트쇼(빛 축제)가 열린다. 만천명월萬川明月. 달빛이 모든 냇물을 가리지 않고 다 비추듯 모든 사람에게 마음을 골고루 베풀겠다는 정조의 철학을 되새겨보며 화성 성곽길을 빠져나온다.

바다 위 만리장성

- 군산, 부안, 김제

  군산 시내를 벗어나 차는 서해 바다를 가로지르는 새만금 방조제를 거침없이 달린다. 형제끼리 이산가족의 아픔을 나누듯 방파제에 몸부림치는 파도를 바라본다. 바다 위의 만리장성은 세계 제일의 장거리를 자랑하며 군산과 부안을 잇고 고군산군도(63개 섬 군락)를 만나게 한다. 우리나라의 기술진만으로 이루어진 토목공사(33.9km)를 20년만에 완성(2010년 준공)했고 현재 30여 년이 흘렀다. 배를 타고 가 볼 수 있었던 섬들은 차량으로 당일이면 다녀올 수 있는 관광지로 바뀌었다. 나와 동행한 문우는 이곳의 야미도가 고향이었고 어린 시절에 육지를 그리워하며 섬 생활을 극복할 수 있는 물막이 바다 공사를 꿈꾸었다고 하였다. 바로 꿈이 현실이 된 오늘의 모습에 감개무량할 뿐이라고 한다.

  새만금 방조제로 바다를 막아 생겨난 광활한 간척지는 마치 서해안의 지도를 바꾸는 듯하다. 다시 시작된 내부 간선 도로망의 대역사는 신시도에서 시작된 동서대로(33km)가 시원하게 뻥 뚫리게 했다. 개통된

지 얼마 되지 않아 도로 위의 차량은 우리 차 외에 한 대도 보이질 않는다. 여기가 과연 우리나라라는 생각이 들지 않을 만큼 광야길을 질주하게 된다. 마치 몽골 초원의 어디를 달려가는 것처럼 복잡한 도심을 떠나 비현실적인 세계에 들어 온 느낌이 든다. 이런 동서대로에 이어 남북대로 공사도 어느새 다시 한참 진행중에 있었다. 우리나라의 국력이 힘차게 뻗어나가는 기운을 건설 현장에서 실감나게 한다. 2, 3년 후에 다시 이 길을 달리면 어떻게 상전벽해로 변해 있을지 궁금하다. 동서대로 끝 지점에 이르니 김제가 나오고 드넓은 곡창지대인 만경평야가 펼쳐진다. 이곳도 오래전 바다를 막아 생겨 난 간척지이었다.

  망해사 가는 길은 숲속에 숨어 있다. 봄날은 간다를 아쉬워하듯 사찰 초입에 벚꽃이 깔려 있어 소월 시인의 '가시는 걸음걸음 놓인 그 꽃을 사뿐히 즈려밟고 가시옵소서'하는 시구가 떠오른다. 천년 고찰(신라 671년, 문무왕 11년)이면서 대웅전은 보이지 않고 초라한 가람 서너채가 전부이다. 낮은 담장 너머로 바라보이는 만경강이 숨죽여 흐르고 탁 트인 들녘이 펼쳐진다. 이곳의 역사를 증명하듯 팽나무 고목 두 그루가 수문장처럼 다시 청춘의 신록을 피워내며 건재함을 드러낸다. 스님 한 분 보이지 않고 적막한 분위기의 사찰 풍경이 고즈넉하기만 하다. 바람이 머무는 집처럼 조용한 쉼터를 찾는다면 이런 곳이겠다. 삶에 지친 사람들이 그냥 소리 없이 다녀감으로 위로를 받을 수 있는 피난처 같은 곳이다. 망해사 뒤편의 진봉산 숲으로 새만금 바람길이 나타난다. 보도블록까지 깔려 걷기에 편안하다. 어떤 젊은이 한 명이 배낭을 메고 외롭게 걷는다. 나도 여행은 혼자 즐기는 편이라 내게 말벗이 될 듯하다. 제주도 올레길이 유행하고서부터 전국 어딜 가도 둘레길이 사람들의 발길을 유혹한다. 이 길의 끝 지점이 심포항에 연결되지만 일정에 쫓겨 되돌아서자니 미련이 남는다.

변산반도의 해안 도로는 산을 휘감아 돌며 바다를 끼고 환상적인 드라이브 코스가 이어진다. 젓갈과 염전이 유명한 곰소항을 지나 능가산 내소사로 향한다. 일주문에서 법당까지 이르는 초입은 전나무 숲으로 우거진 산책로이다. 하늘을 향해 솟구친 전나무 가지에 앉아 새들이 지저귀는 소리가 풍경소리처럼 맑다. 이 길 가는 동안 때 묻은 마음을 말끔히 씻어내라는 듯 숲향기가 가슴을 매만진다. 오대산 월정사에서 만난 전나무 숲길을 다시 이곳에서 걷게 되니 반가운 친구처럼 여겨진다. 내소사來蘇寺라는 이름이 새롭게 소생하라는 뜻으로 신록의 품에 안겨 더욱 비우는 삶을 배우고 싶다. 법당 앞에 이르니 수백 년 됨직한 느티나무가 가슴을 벌려 안아줄 듯 늠름한 자세이다. 대웅전 한쪽에 무설당無說堂이란 건물이 눈에 띠어 스님에게 여쭤보니 설법을 하지 않는 집이라고 한다. 아마 전나무 숲길을 거닐 때처럼 말이 필요 없고 스스로 묵상을 통해 깨닫도록 함이 아닐까.

격포항에 이르니 채석강이 자연의 신비를 일러 준다. 산기슭이 오랜 세월 동안 바다의 침식 작용과 풍화 작용으로 켜켜이 쌓여진 바위와 해식동굴이 나타난다. 파도가 빚어낸 작품이 그대로 멋진 조각이 되었다. 이태백이 술에 취해 물에 비친 달그림자를 잡으려고 뛰어들었다는 중국의 채석강에서 빌려 온 이름이라고 한다. 서해안 지질공원으로 꾸며 놓은 한켠에 부안 출신 매창 조각과 그의 대표시가 여러 편 새겨져 있다.

내가 살고있는 서울 도봉산에도 매창과 촌은 유희경의 사랑시가 비석으로 세워져 있기에 더욱 반가웠다. 이루지 못한 아름다운 사랑은 시대를 초월하여 사람들의 애틋한 감상을 불러일으키는걸까. 그중의 한 편을 음미해 본다.

　　동풍 불며 밤새도록 비가 오더니/ 버들잎과 매화가 다투어 피었어라
　　이 좋은 봄날에 가장 견디기 어려운 것은/ 술잔을 앞에 놓고 임과 헤어지는 일이리라.

　　　　　　　　　　　　　　　　- 매창 시조 「자한自恨」

　강은 바다를 만나 죽는다는 어느 시인의 표현처럼 유장한 금강은 흐르고 흘러 마침내 군산 하구에 이르러 서해로 빠져나간다. 철새 도래지이기도 한 금강에 앉아 있던 한 떼의 물새들이 후두둑 하늘을 향해 비상한다. 이곳 출신의 소설가인 백릉 채만식(1902년- 1950년)은 탁류라는 대표작을 통해 금강을 흐린 물로 표현했다. 그동안 물길 따라 지친 강물이 하류에서 흐린 빛을 띠기에 그리 한 것 같다. 금강 하구둑 가까이 세워진 채만식 문학관엔 그의 생애와 작품 세계가 전시돼 발길을 이끈다. 그는 장단편 소설만 해도 200여 편에 이르며 기타 동화나 수필 등 다양한 장르까지 합치면 생전에 천여 편이나 되는 놀라운 다작의 작가이다. 탁류 외에도 레디 메이드 인생, 태평천하 등이 그의 장편 소설로 일

제 치하에서 당시의 사회상을 풍자하거나 냉소적으로 소설적 미학을 성취한 작품으로 소개되었다. 옥에 티라고 그의 친일 논란에 대해 아쉬움이 있으나 그는 스스로 민족의 죄인임을 자처하고 깊이 반성하였다. 다른 친일 작가들 중에 유일하게 자신의 잘못을 인정하고 고해성사한 분으로 여겨졌다.

한번 살에 묻은 대일 협력의 불결한 진흙은 씻어도 씻어도 지워지지 않는 영원한 죄의 표시지였다.

- 채만식 글

그는 유언문에서 '나 가거든 손수레에 들꽃 가득가득 날 덮어 주오. 마포 한 필 줄을 메어 들꽃 상여 끌어 주오.'라고 했다. 불운한 시대 상황에서 작가의 정체성을 잃지 않고 치열하게 왕성한 창작 활동을 펼친 불꽃의 작가에게 경의를 보낸다.

4 웰다잉, 그리고 존엄사

웰다잉, 그리고 존엄사

서쪽으로 난 아파트 창문 밖으로 도봉산이 펼쳐지고 오늘도 변함없는 일몰을 마주하게 된다. 한 치의 오차도 없이 진행 되는 밤낮의 천체 운행이 새삼스러울 뿐이다. 무엇보다 해넘이를 통해 나의 마지막 그날이 어김없이 다가오리라는 교훈을 얻는다. 젊은 시절엔 웰빙이 관심거리였다면 이젠 황혼녘에 웰다잉을 생각하게 된다.

언어의 마술사로 알려진 이어령 박사의 추모 1주기를 맞이하여 신문 기사에 그의 웰다잉이 화제가 되었다. 암투병 중에 있는 동안 항암치료를 거부하고 그는 '암, 이대로 놔둡시다'라는 선택을 했다. 어느 전문 의료인의 충고가 '계속 일하며 그냥 사는 게 치료법' 이라는 말에 동의하며 그대로 따랐다고 한다.

'그냥 이대로 사시면서 나는 암 환자가 아니라고 생각하고 일할 수 있을 때까지 계속하십시오. 3년 사시게 되면 3년 치 일하시고 5년 사시게 되면 5년 치 일만 하시는 게 좋겠습니다. 그게 치료 방법입니다.'

이 박사는 암과 함께 지내는 동안 마지막까지 당신의 의욕을 드러냈다.

'내가 할 일이 참 많아요, 지금 20여 가지 프로젝트를 진행하고 있는데... 책도 여러 권 써야하고 방송 프로그램도 있고...'

그가 좀 더 수명이 연장되어 뜻한 바대로 결과물을 충분히 내놓고 하늘나라로 떠나 갈 수 있었다면 얼마나 좋았으랴 싶다. 그러나 솔로몬은 많은 책들을 짓는 것은 끝이 없고 많이 공부하는 것은 몸을 피곤하게 할 뿐이라고 했다.

최근에 미국 전직 대통령인 카터가 암 투병 중에 병원 치료를 포기하고 자신의 고향집으로 돌아와 호스피스를 통해 존엄사를 택했다고 한다. 현직에 있을 때보다 퇴임후 사화봉사 활동 및 교회학교 교사도 하는 등 아주 바쁘게 지냈다고 한다. 그의 저소득층을 위한 집짓기 봉사인 해비타트 운동 중에 우리나라의 충남 아산 현장(2001년)도 다녀갔기에 더욱 인상적이었다. 그를 통해 잘 죽기 위해서라도 봉사와 사랑의 삶이 얼마나 값진 것임을 깨닫게 한다.

같은 교회에 다니는 나의 고향 형님은 말기 암은 아니지만 암 발생 부위가 폐와 심장 사이에 수술하기 어려운 곳에 발생했다. 담당 의사의 진단이 수술은 위험하니 불가능하고 그냥 항암치료나 방사선 치료를 권유했다. 불안해진 형님은 결국 의사의 지시대로 항암치료에 매달려 모든 일상생활이 멈추어진 채 오직 고통스런 투병생활과 치료를 위해 병원에 들락거리는 일이 거의 전부가 되었다. 우리 교인들이 합심하여 회복시켜 주시기를 하나님께 기도할 뿐이다. 내가 옆에서 가망 없는 치료를 포기하고 그냥 암과 함께 지내는 생활을 권유하고 싶지만 당사자의 결정이 우선인 듯싶다. 생명에 대한 애착은 물에 빠진 사람이 지푸라기라도 잡고 싶은 심정일테니까.

이어령 박사는 '지성에서 영성으로'이란 제목의 책을 발간하기도 했고 마침내 기독교 신자로 세례를 받았다. 아마 그가 죽음을 담담히 받아들일 수 있었던 것도 내세에 대한 이해와 믿음이 자리하지 않았나 싶다. 우리의 문화는 죽음에 대해 대놓고 논하는 것을 꺼리지만 요즘들어 웰다잉이나 존엄사, 조력사 등이 활발하게 거론되고 있는 추세이다. 어쩌면 필연적으로 맞닥뜨릴 인간의 죽음과 내세에 대한 올바른 인식의 필요성이 아니었나 싶다.

단테(1265년-1321년)의 유명한 저서인 신곡을 보면 비록 소설 형식이지만 자신의 상상력을 통해 내세를 지옥과 연옥, 천국으로 구분하여 실감있게 보여준다. 천국은 눈부신 빛의 세상으로 표현했고 죽음도 삶도 빛이 사물을 거울에 비추는 것처럼 하나의 반사에 지나지 않으며 실체가 없다고 한다. 빛의 중앙에 신이 태양처럼 빛나고 그것을 받아들이는 사람의 그릇에 따라 밝기가 다르게 나타나 그 주위를 맴돈다.

우리나라의 신곡이라 할 수 있는 신성종 목사(신학자, 전 충현교회 담임)가 쓴 '내가 본 지옥과 천국'은 어려운 단테의 그것보다 쉽게 구체적으로 내세가 묘사된 듯하다. 지옥에 대한 것을 살펴보면 그곳엔 물이 없기 때문에 강이나 호수, 초목이 없고 사람이 손을 굽힐 수 없어 무엇이 있어도 전혀 먹을 수 없다. 그리고 서로 언어가 전혀 통하지 않는다. 지하층에 자리하고 1, 2, 3층으로 이루어져 위로 갈수록 조금씩 고통이 덜

한다. 각 층마다 동서남북으로 나뉘어진 건물에 죄질에 따라 죄인들이 거주한다. 지옥 중 가장 고통이 심한 곳인 3층은 동관으로 독재자, 생명 죽인 자, 유괴범 등이 갇혀 있다. 서관엔 자살자나 살인자. 남관엔 사이비 종교인, 교황, 신부, 목사, 스님 등이 있다. 마지막 북관엔 그리스도를 배신하거나 이단자, 기독교를 핍박하는 자 등을 가둔다.

평생 동안 신앙인으로 지상의 삶을 잘 마치고 천국의 안식에 들어간다는 확신 때문인지 나는 죽음이 두렵지 않게 느껴진다. 기독교의 부활 신앙은 죽음을 극복하는 것이기 때문에 더욱 그렇다. 다만 암이나 교통사고 등 불의의 사건 사고로 이 세상을 마감하지 않고 잠자듯이 편안한 죽음을 맞게 해달라고 기도할 뿐이다. 우리나라가 세계 10위의 경제대국이지만 OECD 회원국중 자살률 1위라는 불명예를 유지하고 있다. 자살자는 지옥에서도 가장 고통이 심한 형벌을 받는 지하 3층에서 지낸다. 하나님이 주신 생명을 스스로 끊는 행위는 얼마나 큰 죄임을 보여준다. 지난해에 고희가 된 지인이 불면증과 치매 현상을 이기지 못해 극단적 선택을 한 탓에 아직도 마음이 아프고 잘 죽는 일이 얼마나 큰 복인가를 깨닫게 한다. 신문 부고란을 읽거나 장례식장에 갈 때 고인이 어떤 모습으로 별세했는지 더욱 관심을 갖게 된다.

100세를 넘기고도 강연이나 저술 활동을 꾸준히 하시는 현역 같은 김형석 교수를 지켜보며 열정적으로 잘 사는 삶이 결국 잘 죽는 길임을 말해 주지 않나 싶다.

마지막 잠적

나는 아무 것도 바라지 않는다.
나는 아무 것도 두렵지 않다.
나는 자유다.

그리스인 조르바의 작가인 카잔차키스는 이런 멋진 묘비명을 남겼다. 인간이 한세상을 살면서 완전한 자유를 누리고 살 수 있을까 싶다. 일상의 모든 삶이 어찌 생각하면 구속의 연속일 것이다. 눈 뜨면 그저 살아가는 하루가 아니라 내가 살아 내야 할 하루가 기다리고 있다. 젊은 날은 일개미처럼 바쁘게 움직이고 스트레스와 싸우면서 직장생활에 매달린다. 은퇴 후가 되면 완전한 휴식, 완전한 자유로움이 주어질 것으로 기대하지만 그렇지도 않은 게 현실이다. 처자식을 부양하고 자녀를 독립시키면 인생의 전반부가 끝날 뿐 끝날 때까지 끝난 것이 아니라는 말이 실감 난다.

텔레비전 채널을 돌리다 보니 우연히 어느 방송국 프로에서 잠적潛跡하는 한 여인의 모습을 비쳐 준다. 홀로 차를 몰고 한적한 시골길을 달려와 민박집에서 며칠을 묵는다. 외갓집 할머니 같은 분이 밥상을 차려 주면 고향의 맛을 느끼며 먹는다. 고기반찬은 없어도 미역국이며 김치, 하얀 쌀밥, 산나물 같은 반찬으로 아주 소박한 차림이다. 그녀는 어린 시절에 할머니가 밥상머리에 앉아 손주가 밥 먹는 걸 지켜보며 젓가락이 가는 반찬을 자꾸 앞으로 밀어주며 좋아하시던 추억이 떠오른다. 밥상을 물린 뒤 그녀는 벽에 기대어 가만히 눈을 감는다. 아주 한가롭고 편안한 시간이 흐른다. 숟가락을 놓자마자 또는 우유 한잔 마시는 것으로 아침을 때운 그녀의 출근길은 뜀박질만 하던 일상에서 얼마 만에 해방되었는지 한없이 게을러도 좋은 시간을 만끽한다. 여기에선 직장에서 얻는 긴장감이나 대인관계에서 오는 스트레스도 없다. 휴대폰도 꺼버리고 이곳에서 먹고 자고 그저 쉼을 얻으면 된다. 마침내 지친 심신을 어느정도 추스르고 다시 일상으로 돌아가는 그녀의 발길은 가볍다. 젊은 여인이 홀로 여행을 훌쩍 떠나기가 쉽잖은 일인데 이렇듯 오지에 잠적할 수 있는 용기가 대단한 듯하다. 얼마나 힘든 삶의 중압감에서 벗어나고 싶었으랴.

성경에 나오는 내용 중에 예수님이 세 명의 제자만을 데리고 산속으로 기도하러 가신다. 그런데 놀랍게도 제자들은 그곳에서 예수님이 거룩한 외모로 변형되고 엘리야 선지자와 모세가 예수님과 함께 대화하는 장면을 보게 된다. 베드로는 너무나 감격하여 주님께 간청한다. 여기가 좋으니 산 밑으로 내려가지 말고 세 분의 초막을 짓고 지내자고 한다. 그러나 주님은 단호히 거절하고 다시 남은 제자들이 기다리는 동네로 내려가자고 하신다. 베드로는 모처럼 행복하고 환상적인 분위기에서 잠적하듯 오래오래 머물고 싶었으나 스승님은 허락지 않으시니 실망했을 게 분명하다. 아무리 괴로운 일상을 피하고 싶어도 어쩔 도리가 없는 삶이다.

한 달에 한 번 정도는 훌쩍 찾아가는 나의 잠적지가 북한 강변이다. 그렇다고 여러 날을 머무르지 못하고 단 하루 일정이지만 살아가는데 활력소가 된다. 강북 지역에 오래 터를 잡고 사는 때문에 전철 타고 한 시간 이내인 용문행 열차를 타면 목적지에 닿는다. 운길산역에서 내리면 5분 정도 걸어 북한 강물이 유유히 흐르고 있는 물의 정원을 마주한다. 사람들에게 별로 알려지지 않은 탓에 비교적 찾는 이들이 적고 주변 분위기가 인공미보다 자연의 정취를 그대로 느낄 수 있어 좋은 것 같다. 코로나 이전엔 넓은 공터에 철 따라 꽃밭이 조성돼 촬영 명소가 됐지만 떠들썩한 축제가 중단되니 오히려 산책로가 명물이 된다. 서울 시민의 상수도원인 북한 강물은 흐르기를 멈춘 듯 호수처럼 고여 있고 주변의 산 그림자를 품에 안고 한 폭의 수채화를 그린다. 물오리나 왜가리가 강물을 스치듯 날아가면 잔잔한 파문이 일어나곤 한다. 북한강 자전거 길이 양평으로 향하는 곳에 오래된 폐철교가 영화 세트장처럼 정겹다. 오래전 감명 깊게 보았던 '메디슨 카운티 다리'를 생각나게 한다. 가까운 곳의 두물머리에서 북한강은 남한강 물줄기를 만나 서로 껴안고 한강을 향해 천천히 빠져나간다.

수양버들 아래 잔디밭에 놓인 평상에 벌렁 누워 눈을 감는다. 이렇게 아늑할 수가 없다. 바로 옆 갈대밭에서 뱁새들이 들락거리며 시끄럽게 재잘댄다. 아니 그것은 여느 소음이라기 보다 자장가처럼 들린다. 역시 자연의 소리는 문명의 소리와 결이 다르다. 귀를 괴롭히지 않고 마음의 안정을 가져다준다. 새들은 지금 이 시기가 가장 중요한 짝짓기 철인 듯 수컷이 암컷을 부르는 애틋한 세레나데가 쉴 새 없다. 동물의 세계에서 대부분의 수컷들은 짝짓기도 치열한 경쟁을 치르고야 가능하니 암컷의 환심을 사기 위하여 애간장을 태운다. 동물들은 오로지 살아가는 목적이 먹이 찾기와 종족 보존에 사활을 건다. 그들은 본능에 충실할 뿐 다른 고민이 있을 리 없다. 인간만이 정신적 영역을 충족시키고자 여러 복잡한 면을 보여 준다. 휴대폰도 꺼버리고 책읽기도 그만두고 멍때리기로 들어가 이대로 한숨 푹 자고 나면 강물처럼 유유자적해 지리라. 내가 이대로 잠적하여 아주 사라진다 한들 세상은 변함없이 흘러가고 나라는 존재는 그저 하나의 물거품일 뿐이다.

　전직 미용사(이상일, 66세)가 은퇴후 10년 동안 잠적하여 창조해 낸 세계가 신문에 화제가 됐다. 그는 경기도 이천에서 야산에 숲을 그대로 유지한 채 자연 그대로 울퉁불퉁한 바위의 등고선을 따라 22채의 건물을 지었다. 새벽엔 그림도 그리는 화가로서 그의 작품들이 이곳 미술관에 전시됐다. 아울러 객실과 레스토랑도 운영하여 유명인사들이 다녀가기도 했다. 그가 기자 인터뷰를 통해 밝힌 심경이 내게 울림을 준다.

**　산다는 것은 아름답고 감사한 일이에요. 항상 지금 이 순간이 우리의 삶이고 현재가 과거가 되고 미래가 된다는 것을 분명히 알아**

야 해요. 한 시간이라도 자기 정신없이 산다는 것은 인생을 낭비하는 거라고 이야기하고 싶어요. 나는 오늘도 창조했는가? 이게 삶의 신조입니다.

그는 인생 2막을 멋지게 꽃 피운 대단한 사람으로 보인다. 그러나 나처럼 느림의 삶을 추구하는 사람에겐 그가 자신에 대해 너무나 엄격한 것으로 여겨진다. 어떤 성과에 얽매이지 않고 그저 물 흐르듯 흘러가는 평온한 삶이면 내겐 그만인 것을 어찌하랴. 나의 마지막 잠적을 위하여 영원을 향한 신앙의 깊이를 더 할 수 있었으면 하는 바람이면 족하다.

우리를 구속하는 것들

다시 한 해가 어김없이 꼬리를 감추려 든다. 마지막 크리스마스 빨간 날만 남아 있는 달력에 집콕으로 지내고 제발 모임을 자제해 달라는 방역 당국의 호소가 잇따른다. 두 해가 꼬빡 지나도록 코로나 감옥은 우리를 묶어 두려 한다. 오미크론 변이 바리러스가 대세가 될 것 같다고 전문가들은 내년에도 어두운 전망을 내놓는다. 인간의 자유로운 활동이 너무 오래 제약을 받게 되니 이런저런 부작용이 뉴스 때마다 마음을 우울케 한다. 사람의 목숨을 노리는 역병으로부터 어서 해방이 되길 바랄 뿐이다. 앙상한 나목의 숲은 썰렁하다. 찬 바람이 불 때마다 서로 부둥켜안고 인고의 시간을 견디자고 다짐한다. 따스한 봄볕이 찾아들 때까지 그들은 숨죽이고 지낼 것이다. 계곡물도 흐름을 멈추고 침묵 속에 잠겨 얼음 감옥을 견디는 중이다. 자연은 변함없이 혹독한 시련을 통해 해방의 기쁨을 가져다 준다.

직장이란 밥줄에서 해방된 지 벌써 20여 년 세월이 흘렀다. 처자식을 부양하고 의식주로부터 자유로워지기까지 생존경쟁의 감옥은 만만치 않았다. 이제 다람쥐 쳇바퀴 돌듯 반복되는 생활에서 벗어나 자유인의 삶을 살아가니 행복감을 느낀다. 출퇴근 시간에 전철을 타면 얼마나 짜증이 나고 괴로운지 실감이 난다. 어딜 놀러 가고 싶으면 평일에 느긋하게 떠날 수 있다는 게 얼마나 특권인지 모른다. 도로 위의 차량들은 매일 같이 으르렁대는 맹수 떼처럼 목적지를 향해 달려간다. 교통사고로 수없이 죽어가는 사람들의 일상에서 이제 벗어나고 싶어 자동차 면허증도 곧 당국에 반납할 예정이다. 내게 주어진 하루하루를 주체적으로 살아낼 수 있다는 게 감사할 따름이다. 부모로서 간섭해야 할 자녀들도 모두 독립하여 집을 떠나고 노부부만 남았다. 요즘 아이를 낳아 부모로서 책임과 의무를 깨닫지 못하고 아동학대나 끔찍한 죽음에 이르게 하는 사건들이 연이어 일어나 안타까운 현상이 펼쳐진다. 가장 충격적인 사건의 하나는 갓난아이를 길가에 있는 헌 옷 수거함에 버려두고 사라진 비정한 부모가 아닌 듯싶다. 자녀를 키우는 일이야말로 아무리 힘들더라도 마땅히 부모로서 감당해야 할 사랑의 구속이 아니던가.

 문단 활동을 한 지도 여러 해가 됐으니 더 이상 무슨 직을 맡아 봉사하는 일도 그만두고 싶다. 단체장을 맡아 명예를 추구하는 일이 이제 부질없어 보인다 할까. 유명인이 못 되고 무명인으로서 지내는 게 오히려 자유롭다. 하나님이 내게 주신 작은 달란트대로 자족하며 베스트셀러 작가에 대한 미련도 버렸다. 욕심을 낸다고 되는 일도 아니고 그저 문학이 좋아 글 쓰고 내면을 가꾸는 일에 만족하고 싶다. 세계 여행도 웬만큼 했으니 역마살을 가라앉히고 그저 동네 산책하는 일에 즐거움을 찾는다. 이웃 사람들이 산책 중에 애완견을 데리고 나와 똥을 치우느라 비닐봉지를 들고 신경 쓰며 시중을 든다. 개는 신이 나게 달리고 싶어도 목줄에 매여 낑낑댄다. 그래도 개의 입장에서 의식주 걱정 안 하고 주인의 각별한 보호를 받으며 누리는 호사를 즐기고 있겠지. 주인은 주인대로 개에게 속박을 받지만 귀엽고 사랑스런 정을 느끼며 가족 같은 위로를 받으리라. 나는 반려동물보다 반려식물을 더 좋아하는 편이다. 아마도 동물보다 식물이 관리하기도 쉽고 구속감을 덜 주기 때문일 것이다. 아파트 거실에 그 동안 한 개 두 개 모아 진 화분이 점점 늘어나 다육이도 종류가 많아졌고 고무나무와 크루시아, 해피트리, 치자나무는 사철 싱싱한 푸르름을 선물한다. 클로버 비슷한 사랑초는 수년 전에 강진 여행 때 영랑 생가를 다녀오는 길목에서 얻어 와 길렀는데 해마다 연분홍 꽃이 사랑스런 얼굴을 내민다. 아침에 일어나면 인사를 나누고 물을 주며 화분을 돌 보는 일이 조금도 귀찮지 않고 즐겁다. 사람이든 동식물이든 사랑하면 관심이 생기고 구속도 행복으로 바뀐다는 걸 깨닫게 한다. 신앙생활 하는 것도 자유에 대한 구속이 될 수 있지만 진리의 말씀을 배우고 죽음에 대한 불안감이나 영적 회의에서 해방될 수 있다는 게 큰 위안이 아닐 수 없다.

최근에 텔레비전 채널을 돌리다가 우연히 보게 된 90세 프랑스 신부(경북 의성 거주, 한국명: 두봉)의 이야기가 가슴에 와닿는다. 인생의 종점에 이르러 사람을 구속하던 모든 허위의 옷을 벗어 던지고 이처럼 맑은 동심으로 돌아갈 수 있다면 얼마나 바람직하랴 싶다. 예수님이 제자들에게 '너희가 어린 아이들과 되지 아니하면 결단코 천국으로 들어가지 못하리라(마태복음18장 3절)'는 말씀이 생각나게 한다.

그는 1954년도에 한국에 선교사로 파견되어 아흔 나이에 이르기까지 여생을 이곳에서 조용히 보냈다. 프랑스 파리를 출발하여 한국에 도착하는 동안 배를 타고 이동했는데 무려 두 달 반이나 걸렸다고 한다. 그 당시 한국의 실정은 전쟁의 폐허 속에서 비참한 지경이었다고 한다. 오늘날의 한국의 발전상을 직접 지켜볼 때 정말 기적같은 일이 아닐 수 없다고 한다. 그는 종교간에도 차이점을 가지고 서로 비난하기 보다 공통점을 찾는 게 중요하다고 귀띔한다. 한마디로 화해의 정신으로 종교간 화합을 이루어야 한다고 한다. 그의 사제관 거실엔 '기쁘고 떳떳하게'라는 문구가 걸려 있었다. 그는 인터뷰하는 동안 시종일관 천진난만한 어린 아이 표정으로 미소와 부드러움을 잃지 않았다. 동네에 사는 아주머니 신도들이 몇 명 방문했을 때 그는 함박웃음으로 맞이했다. 그들이 가져온 홍시감을 맛있게 먹느라 양볼에 감물이 묻어도 신경 쓰지 않았다. 찬송가가 아닌 유행가를 부르는 아주머니들의 노랫가락에도 함께 손뼉을 치며 장단을 맞춘다. 사제로서의 위엄과 권위는 완전히 내려놓았다. 그냥 방문객들의 수준에 맞추어 분위기에 젖어 든다. 그는 종교인이기 전에 때 묻지 않은 한 인간의 모습이 이토록 아름다울 수 있다는 생각을 갖게 한다. 한 점의 악의도 찾아 볼 수 없는 해맑간 인격. 모든 욕망으로부터 해방된 인격을 보여 준다. 두봉 신부는 바라보기만 해도 의지하고 싶고 인자한 할아버지의 인상을 풍긴다. 성직자로서 딱딱한 지식과 이론으로 무장한 범접하기 힘든 어른이 아니고 누구에게나 가까이 다가가게 만드는 친구 같은 분이었다.

고희 고개를 넘으면서 다시 한번 노인이 되는 것보다 어른이 되도록 노력해야 한다는 의미를 곰씹어 본다. 우리를 구속하는 권위 의식이나 허위의식, 욕망의 굴레를 훌러덩 벗어 버리고 순수한 동심을 닮아갈 수 있다면 더는 바람이 없겠다.

한 달란트

그냥 바라보면 한없이 평화로운 아프리카 초원 지대가 펼쳐진다. 이곳에 사는 동물들은 한가로이 풀을 뜯고 다양한 종들이 옹기종기 모여 사는 것 같다. 그것은 착각일 뿐 자세히 들여다보면 밤낮으로 생존 드라마가 긴장을 늦추지 못하게 한다. 사자를 비롯한 고양이과 동물들은 수풀 더미에 낮게 몸을 숨겨 먹잇감을 노린다. 그들의 사냥 전략은 병든 놈이나 어린 새끼, 무리에서 떨어져 혼자 있는 놈을 고른다. 최대한 가까이 접근하여 기습공격을 하는 재주가 대단하다. 발자국 소리를 죽여 눈치채지 못하게 접근할 때 최고의 집중력을 발휘한다. 사슴과 동물들은 느긋하게 풀을 뜯는 것 같지만 항상 경계의 눈초리를 번득인다. 언제라도 위험 기미가 있으면 달아날 채비를 한다. 무리 중 한 녀석이 보초를 담당하고 달아날 땐 지그재그로 움직여 포식자를 혼동시키는 재주를 개발했다. 재칼은 몸집이 작지만 교활한 재주를 부려 하이에나 뒤를 쫓아다니며 공짜 먹이를 도둑질하는 얌체다. 표범과 치타는 높은 나뭇가지에 성큼성큼 먹이를 옮기는 재주가 있어 안전하게 포식자들을 피한다. 늪지대에서 물가의 나뭇가지에 올라 물총새는 긴 부리를 이용하여 물고기가 눈에 띄면 쏜살같이 수중 다이빙을 하여 먹이를 낚아챈다. 꽃을 찾아 날아다니는 벌과 나비 외에 조류 중에도 벌새라는 놈은 꿀을 좋아한다. 인간의 119헬기처럼 정지비행을 할 줄 아는 고도의 재주를 선보인다. 굼벵이도 기는 재주를 주듯 조물주는 동식물마다 생존에 필요한 달란트를 주시는 걸 보면 감탄이 절로 나온다.

　은퇴 후에 인생 2막을 준비하는 사람들이 전원주택을 마련하여 전망 좋은 곳에서 멋지게 사는 게 로망이 아닐 수 없다. 그런데도 내겐 그러한 생활이 그림의 떡이랄까. 경제적 여유도 그렇지만 나는 손재주가 젬병이다. 시골 오지에서 기술자도 부를 수 없고 집안 수리나 시설 관리를 직접 손수할 수밖에 없는 상황에 처한다. 목공 일이나 전기 시설, 냉난방 설비 등에 문외한인데 어찌 애로사항을 해결할 수 있으랴. 도시에 살면서도 아파트 생활에 목욕탕에 샤워기나 변기가 고장 난다든지 형광등을 교체하는 일도 사람을 불러야 하는 형편이다. 얼마 전에 포도주가 마시고 싶어 한 병 사왔는 데 콜크 마개를 따지 못해 쩔쩔맸다. 마개 따개로 아무리 용을 써도 열리지 않아 아파트 단지 안의 마트에 가서 점원에게 부탁해 해결코자 했으니 한심할 따름이다. 아내가 가끔 믹서기나 세탁기가 고장이 나면 나더러 어떻게 해보라고 하지만 별수 있는가. 이럴 때 해결사 노릇해 주는 구원투수가 가까운 곳에 사는 처남의 만능 손이다. 그는 못 하는 게 없다. 비닐하우스도 재료를 사다가 직접 뚝딱뚝딱 짓고 웬만한 전기제품 고장 따위는 척척 해결하곤 한다. 나로선 텔레비전이나 컴퓨터가 고장이 나면 제일 난감하다. 요즘은 어찌 된 일인지 해당 가게의 전화번호를 겨우 알아내 연락해도 출장 수리는 나오지 않고 그냥 전화로 이렇게 저렇게 하라고 지시만 한다. 마치 고객이 기계 내용을 잘 아는 걸 전제로 얘기하니 답답할 노릇이다. 결국 기계를 들고 낑낑대며 서비스센터를 찾아가기 마련이다. 요술 단지 같은 스마트폰도 활용법이 많은데 극히 제한적으로 사용할 뿐이다. 전화나 문자를 주고받거나 카톡 이용, SNS쪽으로 페이스북 정도면 충분한 것 같다. 코로나 접종 완료를 나타내는 QR코드도 대리점에서 배워 왔는데 잘되지 않고 쿠폰으로 커피나 케이크를 선물로 보내와도 사용법을 잘 모르니 귀찮을 뿐이다. 초등학교 손주들이 엄마 뱃속에서부터 배워 왔는지 스마트폰을 자유자재로 만지작거리며 게임도 하고 사진도 변형시키고 온갖 재주를 부린다. 현대사회에서 남녀노소를 불문하고 스마트폰 조작술은 꼭 익혀야 할 달란트가 되고 말았다.

 한 우물을 파지 않고 이런저런 재주가 많은 사람을 본다. 지인 중에 성악도 뛰어나고 그림도 잘 그리고 시도 잘 쓰는 분이 있다. 그는 선택과 집중을 통하여 한 분야를 계속하면 성공할 것 같은데 그냥 즐기는 것으로 만족한다. 재능이 너무 많아도 안 좋고 너무 없어도 힘겨운 삶이 된다. 어떤 문우는 그의 자서전에서 소도 언덕이 있어야 부빈다는 말에 없으면 만들어서 비빈다는 강한 의지를 드러낸다. 집안이 가난해서 초등학교도 중퇴할 수밖에 없었던 사정임에도 어떻게든지 공부를 해야 한다는 생각으로 아버지를 설득했다. 혼자 용기를 내어 교장실로 직접 찾아가 울면서 사정을 말씀드리고 입학 허가를 받아 냈다. 그 후 중학교와 고교를 마치고 사범학교에 진학하여 초등학교 교사까지 이르렀다. 마침내 경제적 안정을 얻고 자신의 꿈을 이루어냈다.

인문계 고교를 마치고 대학 진학을 못한 채 취업전선에 뛰어들기란 바늘구멍이다. 더구나 어린 시절의 꿈인 소설가로서 문인의 길을 가기란 내게 너무나 위험부담이 컸다. 일간지 신춘문예에 도전하여 당선될 수 있는 재능도 아니지만 그렇다하더라도 인세를 받아 생활할 수 있는 전업작가의 반열에 이르기엔 어림도 없는 듯했다. 문학을 좋아한다는 것과 직업으로 선택하는 것은 별개의 문제이었다. 예술분야가 다 그렇지만 문학적 재능이 특출하지 않는 한 성장세를 타기란 한계점이 있다. 무작정 노력한다고 가능한 분야가 아니기 때문이다. 결국 문학과 거리가 먼 직업을 택하여 의식주를 해결하였고 인생 후반부에 이르러 글쓰기가 나의 취향저격이 됐다. 원하는 소설가는 못 되고 시와 수필이 나의 달란트가 되어 주었다. 내게 주어진 한 달란트만큼 작가의 꿈을 이루고 다수의 책도 펴냈으니 더이상 바랄 게 없다.

성경에 나오는 말씀으로 어떤 주인이 세 명의 종에게 그 재능대로 각각 금 다섯 달란트, 두 달란트, 한 달란트를 나누어 주고 타국으로 떠났다. 나중에 주인이 돌아와 종들에게 결산 보고를 받았다. 다섯 달란트와 두 달란트 받은 종은 장사 솜씨를 발휘하여 두 배씩 늘렸지만 한 달란트 받은 종은 그러하지 못했다. 주인에게 그 종은 호되게 혼이 나고 가진 한 달란트마저 빼앗기고 말았다. 이 비유를 통하여 내게 주어진 작은 재능만을 탓하지 말고 최선을 다하여 부끄럽지 않은 삶을 살아야 할 것을 깨닫게 한다.

만추에 접어든 나무들은 저마다 고운 빛깔로 변신한다. 자신의 특성에 따라 주어진 재능을 울긋불긋 뽐내고 있다. 나도 주어진 한 달란트의 재능일망정 안간힘을 쓰며 칠십 평생 달려 온 결과가 주님께 꾸지람이나 받지 않았으면 하는 바람이다.

내가 나를 믿을 수 있는 나이

세월이 흐르고 나이테가 늘어도 무엇이 과연 옳고 그른지 흔들릴 때가 많다. 공자는 사람이 70세에 이르면 무슨 일을 하든 법도에 어그러짐이 없는(七十而 從心所慾不踰矩) 최고의 경지를 가르쳤다. 정말 그리 될까. 세종시대의 황희 정승은 유명한 일화를 남겨 그의 완성에 가까운 인격을 엿보게 한다. 어느 날 하인 두 명이 다투고 있었다. 김씨가 이씨더러 저놈이 이러이러해 잘못이라고 하자, 네 말이 옳다고 하더니 이 씨가 저놈이 저러저러해 잘못이라고 하니 네 말도 옳다고 했다. 옆에서 보다 못한 아내가 도대체 누구의 잘못이냐고 따지니 임자 말도 옳다고 맞장구를 쳤다.

최근에 내가 다니는 교회에서 명사를 초청하여 사흘 동안 수련회를 가졌다. 이름만 대면 모르는 사람이 없을 정도로 존경받는 김형석 교수(연세대 명예교수)를 직접 뵙고 육성을 통해 강연을 듣게 되었다. 나이는 못 속인다더니 101세(1920년생)나 되는 어른이시니 작은 키에 허리는 약간 구부정하고 걸음이 활발하지 못해 의자에 앉아서 말씀하셨다. 약 한 시간 반 동안 물 한 모금도 마시지 않고 달변으로 원고도 없이 좔좔 흐르는 물처럼 차분한 목소리가 전혀 한 세기를 넘기신 고령자로 믿기지 않는다. 그는 일하는 동안은 나이를 잊을 것과 인생에서 계란 노른자위 같은 나이는 65세에서 75세라고 했다. 연세대에서 정년을 맞아 은퇴할 때 마치 학창 시절에 학교를 졸업하면 새 출발을 해야 하듯 연구실을 벗어나 사회에 기여 하는 삶을 찾고자 했다. 교수 생활을 할 때도 교수다운 교수가 되기로 결심하여 보직을 받고 감투쓰는 일은 물리치고 내가 몸담은 대학교의 발전 향상을 위해 오직 연구하고 가르치는 일에만 열중했다. 선친께서 돌아가시기 직전 어린 나를 불러 놓고 자신을 위해 살지만 말고 이타적 삶을 살 것을 당부하셨다. 그가 신앙생활을 하는 동안 가장 좋아하는 성구는 '그런즉 너희는 먼저 그의 나라와 그의 의를 구하라. 그리하면 이 모든 것을 너희에게 더 하시리라(마태 6장 33절)'는 말씀이었다.

그는 일 세대 철학 교수이고 저서를 통해 잘 알려진 세 명의 삼총사 교수를 소개했다. 김태길 교수(서울대)와 안병욱 교수(숭실대), 그리고 김형석 교수(연세대)는 각별한 사이로 마지막까지 우정을 나누었다. 두 분들이 앞서 세상을 떠날 때 김형석 교수에게 민족과 국가를 위해 끝까지 메시지를 전하고 마무리를 잘 해 달라고 했다. 자신이 노구에도 현재까지 최선을 다하는 이유도 두 친구들과의 약속을 지키기 위함이었다. 예수님이 십자가에 매달리기 전에 제자들에게 복음 전파의 사명을 준 것처럼 친구들도 그에게 민족과 국가 사랑이라는 메시지를 끝까지 잘 전하고 올 것을 부탁했다. 북한에서 내려온 안병욱 교수와 김형석 교수는 더욱 가까운 사이로 고향이 가까운 강원도 양구 땅에 함께 묻히기로 하고 묘소도 그곳에 장만해 두었다.

　노교수는 성경을 요약하면 크게 두 줄기로 구약은 율법에 따른 정의를 강조하지만 신약에선 예수님이 오심으로 사랑이란 가르침으로 율법을 완성했다고 한다.

　이 세상에서 제일 강력한 힘은 정의가 아닌 사랑임을 자신의 전 생애를 통한 깨달음이기도 했다. 인격 성장을 위한 노력은 평생 계속되어야 하고 인격의 덕목으로 진실과 겸손, 성실함을 꼽았다. 성실한 사람은 악마도 유혹하지 못하고 하나님도 버리지 못한다고 한다. 나에겐 성실하되 이웃과 더불어 사는 사랑을 실천해야 한다. 오직 나에게만 성실할 때 한계에 부딪히는 만큼 하나님의 사랑을 펼쳐야 한다. 미국 L.A지역 리버사이드 시티에 마틴 루터 킹 목사와 도산 안창호, 인도의 간디 동상이 나란히 세워져 있다. 흑인 인권 운동가인 킹 목사는 '나에게 꿈이 있다'는 명언을 남겼고 도산 선생은 일제에 신음하던 우리 민족에게 자유 독립 정신을 심어 주었고 간디는 모든 거짓은 사라지고 진실이 남고 모든 폭력은 사라지고 사랑이 남을 것이라고 했다. 그들은 한 마디로 하나님의 뜻을 전한 사람들이었다. 주어진 각자의 자리에서 진실과 사랑으로 일생을 바친 큰 꿈의 소유자들이었다. 그는 우리나라가 가난을 극복하고 세계 10위권의 경제대국으로 올라선 것도 오로지 교육의 힘이 크다고 했다. 우리나라에 들어 온 외국 선교사들이 평양이나 서울에 많은 기독교 학교를 세워 우리 민족을 깨우쳤기에 세계에 유례가 없는 모범

국가로 크게 성장할 수 있는 축복을 받았다.

노년기가 되면 삶의 지혜를 갖추어야 한다고 그는 조언한다. 세상은 바뀌고 역사는 발전하기 때문에 과거에서 얻은 지식과 교훈만으로 가족들과 후배들에게 도움을 줄 정도의 지혜를 나누어 줄 수 없다. 텔레비전에서 뉴스도 들어야 하며 신문의 논설도 읽어 보고 꾸준한 독서를 권장한다. 내가 나를 믿을 수 있는 나이가 되는 것은 절로 주어지는 게 아니라 부단한 노력을 통해 지혜를 쌓아 가야 한다. 김형석 교수가 101년 동안 살아오는 동안 학자로서의 인격과 자기연마를 게을리하지 않았다. 이제 그는 어른다운 어른으로 우뚝서서 저술과 강연을 통해 자신의 선한 영향력을 우리 시대의 등대가 되어 비추고 있다. 나도 이제 고희 고개를 넘어서는 지금 김형석 어른을 롤모델 삼아 나아가고 싶다. 노인다운 노인으로 살아가기 위해 고민하지 않을 수 없게 된다. 과연 나는 언제쯤 내가 나를 믿을 수 있는 안정된 나이에 이를 수 있을까. 100세까지 사는 것도 무척 어렵겠지만 괜히 어깨가 무거워진다.

다섯 글자, 따뜻한 말

아침마다 즐겨 듣는 라디오 방송에 동요 한 곡이 흘러나왔다. 귀여운 초등학교 학생의 목소리로 '고맙습니다. 감사합니다' 라는 가사가 마음을 따뜻하게 한다. 마침 내가 다니는 교회에서 '사랑의 천국방언'이라는 원작자인 김종수 목사의 작품이 설교 제목으로 주일 예배 때 진행중이었다. 우리 교회 설립자이신 목사님은 젊은 날에 술을 즐기고 흐트러진 생활로 장남이면서 홀어머니의 속을 태웠다. 이런 아들을 조금도 탓하지 않고 제자리로 돌아올 때까지 참고 기다리며 타이르던 유언의 말씀이 그대로 이 작품의 모태가 되었다.

고맙습니다. 감사합니다. 미안합니다. 죄송합니다. 반갑습니다. 사랑합니다.
얘야 괜찮다. 다 모르고 그랬는 걸 뭘. 얘야 괜찮다. 너 나와 같이 살자.

얘야 괜찮다. 다 나 때문이다. 얘야 괜찮다. 내가 썩어야지. 얘야 걱정마.

밀알 하나가 땅에 떨어져 죽어만 봐라. 많은 열매를 맺느니라.

얘야 잘 믿어야 한다. 얘야 잘 살아야 한다. 얘야 잘 죽어야 한다.

대인관계에서 '고맙습니다. 감사합니다.' 라는 말은 쉽게 나오지만 '미안합니다. 죄송합니다.' 라는 말은 잘 나오지 않는 것 같다. 자신의 잘못을 인정하고 사과하는 일이란 생각보다 쉽잖다. 무엇보다 부부싸움에서 한 쪽이 먼저 사과하고 잘못을 인정하면 쉽게 풀리겠지만 자존심 싸움으로 번지고 만다. 죄의 본성은 잘못에 대해 책임을 전가하고 합리화하는 것으로 여겨진다. 창세기에서 아담이 선악과를 따먹는 일에 대해 책임을 하와에게 넘기고 하와는 뱀에게 넘김으로 하나님의 노여움을 사고 에덴동산에서 쫓겨나게 된다. 학교 다닐 때 교실에서 도난 사건이 발생하면 자신이 실수로 그런 범행을 저질렀다 해도 사실대로 자백하는 일은 결코 쉽지않다. 무엇보다 처벌에 대한 두려움이 앞서는 탓에 솔직할 수 없게 된다. 비록 내게 잘못이 없다 하여도 나로 인해 상처받고 힘들어하는 사람이 있다고 하면 사과하고 죄송함을 표현해야 한다.

상대방의 잘못에 대해 '괜찮다'라는 포용정신을 갖기란 여간 힘든 일이 아니다. 내게 피해를 준 사람에 대해 그냥 웃으며 넘어가기란 상당한 관용이 필요하다고 할까.

'바다'라는 말은 품안에 흘러드는 온갖 물을 다 받아들이기 때문에 바다가 되었다고 한다. 부모는 바다의 마음으로 자식들의 잘못을 받아들인다. 자식들이 모두 독립해 나가고 부부만 남아 있으면 아무래도 오지않는 전화가 기다려진다. 아무 탈 없이 잘 살면 되고 무소식이 희소식이라고 하지만 부모는 좀처럼 소식 주지 않는 자녀에게 서운함을 느끼게 마련이다. 명절이 되거나 생일 같은 특별한 날에만 전화가 오고 가뭄에 콩나듯 집에 들리는 바쁜 세상을 살아가는 그들에게 무슨 잔소리를 할 수도 없다. 그냥 외로움을 꾹 참고 견디며 괜찮은 척 살아야 현명한 부모가 되는 길이다. 성경에 나오는 탕자의 비유는 감동을 준다. 둘째 아들이 아버지의 재산을 미리 상속받아 타국에 나가서 흥청망청 다 써버린다. 결국 돈이 다 떨어지고 끼니도 잇지 못해 돼지나 먹는 쥐엄 열매로 배를 채우고 버티느니 차라리 집에 돌아가기로 한다. 아버지께 무릎 꿇고 용서를 빌며 아들로서가 아니라 품꾼의 한 명으로 받아주기를 간청한다. 아버지는 집 나간 아들이 살아 돌아온 것만 감사하고 잃었던 아들을 찾은 것에 대해 감사하며 괜찮다고 어깨를 두드려 준다. 더구나 동네잔치를 벌려 아들을 환영해 주니 아들은 감격하여 분명히 새사람으로 거듭났으리라 믿는다. 이렇듯 '괜찮다. 다 모르고 그랬는 걸 뭘' 하며 품에 안아주는 포용의 정신은 사람을 변화시키는 기적을 가져온다.

세계 테마기행은 내가 즐겨 보는 티.비 프로그램이다. 빼어난 경치를 둘러보거나 불가사의한 유적지, 화산 폭발의 현장도 좋지만 이모저모 사람 사는 모양을 보는 것이 더욱 흥미롭다. 나그네에게 따뜻한 미소와 말씨, 음식 대접하는 그들의 문화가 감동을 준다. 스스럼없이 이방인을 집으로 초대하여 반겨주고 정성껏 차린 음식을 함께 나누는 친절함이 놀랍다. 이슬람 문화권에서 손님은 신이 보내준 분으로 여기고 극진히 대접해야 한다는 계명이 있다고 한다. 사랑의 천국방언 중에 '반갑습니다. 사랑합니다' 하는 구절이 기독교의 영성으로 사람을 환대하는 것이 핵심이라고 한다. 우리나라 사람들은 안면사회의 특징을 가지고 있는듯 하다. 자신이 잘 아는 사람에겐 아주 친절한 데 반해 그렇지 못한 사람에겐 불친절하다고 할까. 더구나 처음 보는 사람에게 호의를 베풀거나 반갑게 여긴다는 것은 바라기가 힘들다. 예수님은 고아나 과부, 이방인을 돌봐주라 하셨고 가난하고 소외받는 자를 돌보는 것이 바로 자신께 하시는 일로 말씀하셨다. 내가 성경에서 발견한 대인관계의 핵심이 '모든 사람을 대할 때 사람을 대하듯 하지 말고 주님을 대하듯 하라(골로새서 3:23)'는 내용이었다.

낯선 이방인이 아니더라도 가족끼리의 인사에서 '반갑습니다. 사랑합니다'는 삶의 윤활유가 되는 게 아닐까. 남편이 퇴근해서 돌아올 때는 물론이고 외출에서 그냥 돌아올 때도 가족들이 알은 체 하고 반가운 표정을 짓고 말을 건네는 것도 실천하기가 쉽잖다. 오죽하면 강아지만 나와 꼬리를 흔들며 반가워한다는 씁쓰레한 고백이 나오랴. 직장 생활할 때도 부하직원이 인사만 잘해도 달리 보였다. 일은 별로 잘못해도 인사성만 좋으면 후한 점수를 주게 되지만 아무리 똑똑해도 무표정한 직원은 호감이 안 간다. 서비스 업종에 근무하는 직원은 고객에 대한 친절 교육이 필수이다. 그런데 아무리 교육을 해도 개선되지 않는 직원을 보게 되면 타고난 인성이 문제인듯하다. 그만큼 사람이 변화되기가 어렵다는 걸 실감한다.

잘 죽기 위해선 잘 믿고 잘 살아야 한다고 천국방언의 마지막 부분을 노래한다. 신앙인은 이 땅에서의 삶보다도 하늘의 삶을 바라보며 살게 된다. 시편 기자는 '주여, 이제 내가 무엇을 바라리요, 나의 소망은 주께 있나이다(시편 39:7)'라고 고백한다.

다섯글자로 표현된 '고맙습니다. 감사합니다. 미안합니다. 죄송합니다. 반갑습니다. 사랑합니다.' 라는 말속엔 따뜻한 마음이 흐른다. 천국방언의 단 한 구절이라도 생활 속에 실천하며 산다면 머릿속으로 성경 구절을 달달 외우고 익히는 것보다도 훨씬 바람직하리라 여겨진다. 예수님을 나의 큰 바위 얼굴로 여기고 날마다 닮아갈 수 있는 참된 신앙인의 여생이 되고 싶다.

자유인의 삶

그리스인 조르바를 쓴 카잔차키스는 그의 묘비명에 '나는 아무 것도 바라지 않는다. 나는 아무 것도 두려워 하지 않는다. 나는 자유다'라고 명쾌하게 글을 남겼다. 참으로 부러운 분이 아닐까 싶다. 한편 사람에게 그러한 완전한 자유가 주어질 수 있을지 의문이 든다. 최근에 키르키예와 시리아에서 대지진이 일어나 비참한 재해 앞에 인간이 얼마나 속수무책인가를 깨닫게 한다. 건물 잔해더미에 깔린 인명을 구하는 것도 문제지만 생존자들도 거처나 먹을 것이 부족하여 아우성이다. 결국 주변 마트에 쌓인 물건에 너도나도 약탈이 일어나고 경찰은 이를 막느라 안간힘을 써야했다. 우리 속담에 '사흘 굶어 이웃집 담장 뛰어 넘지 않는 사람 없다'고 하는 것처럼 인간은 본능에서 결코 자유롭지 못하다고 할까. 인간의 기본적 욕구가 채워지지 않는 한 대부분 양심의 소리에도 귀를 막게 된다.

조선시대의 엄격한 신분제 아래 반상 계급은 하늘과 땅 차이만큼 벗어나기 힘들었다. 한번 종으로 태어나면 대를 이어 종살이를 했으니 그 고통과 한이 얼마나 대단했을까 싶다. 미국의 노예제도 철폐를 위해 참혹한 남북전쟁도 마다한 링컨 대통령이었다. 사람이 사람을 소유물로 여기고 살고자 했던 지난 인류의 역사는 악하고 슬프고 어두운 현실이었다. 얼마 전에 보게 된 영화에서 스파르타쿠스는 로마제국을 뒤흔든 노예들의 반란이었다. 지도자인 검투사 출신의 스파르타쿠스는 '노예가 죽으면 자유를 얻지만 자유인이 죽으면 낙원을 잃는다'라는 명언을 남겼다. 어차피 살아 있는 동안은 노예의 고통에서 못 벗어나는 현실이기 때문에 로마군과 싸우다 죽으면 오히려 해방되는 길임을 노예로 뭉친 군대에게 호소력을 갖고 항전의지를 불태우게 했다. 자유를 향한 인간의 갈망을 잘 보여 준 한 편의 명화인 듯싶다.

아침 해가 서산마루에 어김없이 지듯 우리들의 삶도 탄생과 함께 죽음을 맞이함에 자유로운 사람은 없다. 기독교 신앙을 지닌 덕분에 내게 죽음의 두려움이나 불안은 사라진 것 같다. 언제 이 세상의 무대에서 퇴장된다 해도 다시 부활하여 천국의 삶을 영원토록 누리게 된다는 믿음 때문이다. 기독교의 중심 교리가 예수를 통해 죄로부터 자유함을 얻으면 죽음에 이르지 않는다는 부활 신앙이다. 니체가 기독교를 비판하는 이유는 인간이 스스로의 주체성을 갖지 못하고 오로지 신께 복종해야 하는 노예의 도덕을 강조하는 종교라는 것이다. 따라서 인간의 자유를 위해 신이 죽어야 한다고 주장한다. 예수는 가난한 자나 소외받는 자, 세리, 창녀뿐만 아니라 병든 자들에게 평등과 자유를 선물했다. 당시의 고위층인 제사장이나 귀족계급인 바리새인들을 꾸짖고 혁명적인 사고의 전환을 갖도록 했다. 성경의 많은 구절 중에도 나는 예수의 이 말씀을 가장 좋아한다.

> 진리를 알지니 진리가 너희를 자유롭게 하리라
>
> — 요한복음 8장 32절

직장생활을 떠난 지 햇수로 따져보니 23년에 접어든다. 의식주로부터 자유함을 얻고 그동안 자유인으로 살아온 세월이 행복했다. 봉급쟁이 생활에 묶여 스트레스받아가며 시간에 쫓기며 살다가 마침내 해방이 되었다. 처자식 부양의무도 끝내고 여유 있는 시간을 잘 누리며 그동안 제이의 인생을 문단생활에서 찾았다. 김연수 시인의 산문집인 '청춘의 문장들'에서 깊은 공감대를 찾는다.

'글을 쓸 때 나는 한없이 견딜 수 있다. 나는 왜 문학을 하는가? 그때 내 존재도 가장 빛이 나기 때문이다. 인간이란 할 수 없는 일은 할 수 없고 할 수 있는 일은 할 수 있는 존재다. 나는 완전히 소진될 때까지 글을 쓸 수 있다. 이건 내가 할 수 있는 일이다.'

내게 문학이 아니었다면 어떻게 자유함을 얻고 여기까지 달려올 수 있었을까 싶다. 문학은 나의 숨구멍이 아닐 수 없다.

몇 년 전에 난데없는 심근경색으로 구급차에 실려 가서 가까스로 위기를 넘긴 채 10여 일 입원중이었다. 산소호흡기를 달고 링거병을 주렁주렁 매달고 좁은 침대에서 누워 지내자니 고역이 아닐 수 없었다. 간호사가 자리를 비운 틈을 타서 잠깐 병실 밖에 나가 바라본 푸른 하늘과 떠도는 흰 구름을 한참 동안 쳐다보았다. 마음대로 걸어 다니며 가고 싶은 대로 다닐 수 있는 행복이 얼마나 소중한가를 깨닫게 했다. 환자가 되면 입원 생활에 통제를 받고 의식이 자유로운 상태에서 병원 자체가 그대로 답답하게 느껴진다.

3년에 걸친 코로나 시대를 지내는 동안 자유로운 일상의 삶이 얼마나 소중한지 깨닫는 계기가 된 셈이다. 여행도 떠나고 카페에 몰려가 수다도 떨어야 하고 맛집도 찾고 백화점 쇼핑도 하고 영화관이나 공연도 즐겨야 한다. 이런 보통의 삶이 통제된 일상은 스트레스와 우울증마저 가져왔다. 외출할 때 항상 필수품으로 마스크를 챙겨야 하고 숨을 제대로 쉬지 못하는 불편함을 견뎌야 했다. 이제 봄이 오고 온갖 꽃들이 다투어 피어날 터이니 마스크를 벗어 제치고 꽃향기에 취해 볼 일이다.

내가 사는 동네의 수락산에 천상병 시인이 거주한 탓으로 탐방로에 시비 공원이 조성됐다. 그는 가난하기 짝이 없는 생활을 했지만 순수한 영혼의 소유자였다. 인생을 이 세상에 소풍 나온 것으로 비유한 '귀천' 시도 좋지만 그의 자유로운 영혼을 엿볼 수 있는 '행복'이란 시가 미소를 짓게 한다.

> 나는 세계에서 제일 행복한 사나이다/ 아내가 찻집을 경영해서 생활의 걱정이 없고 / 대학을 다녔으니 배움의 부족도 없고/ 시인이니 명예욕도 충분하고/ 이쁜 아내니 여자 생각도 없고/ 아이가 없으니 뒤를 걱정할 필요도 없고/ 집도 있으니 얼마나 편안한가/ 막걸리를

좋아하는데 아내가 다 사 주니 무슨 불평이 있겠는가 / 더구나 하나님을 굳게 믿으니/ 이 우주에서 가장 강력한 분이 나의 빽이시니/ 무슨 불행이 온단 말인가.

우리 시대 최고의 지성

몇 년 전에 '모리와 함께한 화요일'이란 책을 만났다. 루게릭병을 앓고 시한부 인생을 살고 있던 모리 슈워츠라는 대학교수가 제자를 만나 인터뷰한 내용이다. 모리가 세상을 떠나기 전 서너달 동안 매주 화요일에 제자가 그의 집을 방문하여 인생과 죽음을 주제로 한 대화 내용을 적은 글이다. 모리 교수는 어떻게 죽어야 좋을지 배우면 어떻게 살아야 할지도 배우게 된다고 했다. 이와 똑같은 형식으로 암 투병 중 작년에 별세한 이어령 박사(1933년-2022년)를 돌아가시기 전 그의 제자가 인터뷰한 내용을 담은 책, 이어령의 마지막 수업(김지수 지음)이란 제목의 책을 출간했다.

아무리 100세 시대라고 떠들지만 누구나 아프지 않고 건강하게 살다가 잠자듯이 고종명하기란 쉽잖다. 어떻게 잘 죽느냐가 늙어갈수록 관심거리가 된다. 무엇보다 암 같은 큰 병에 걸려 고생고생하다가 죽는 사람을 지켜보면 안타깝다. 마지막까지 최선을 다하고자 수술도 하고 항암치료와 방사선 치료를 하게 되지만 호전되지 못하고 최후를 맞게 된다. 이어령 박사도 암으로 시한부 선고를 받았지만 병원 치료를 포기하고 자택에 머물며 투병 생활하다가 생을 마감했다. 그리고 마지막까지 자신의 자서전 같은 인터뷰를 잘 마치고 흐트러진 모습 없이 집에서 아들의 품에 안겨 눈을 감았다. 그의 책에도 병원은 환자들을 치료하는 곳이지 장례식 하는 곳이 아니기 때문에 익숙한 공간인 집에서 사랑하는 가족들이 지켜보는 가운데 품위 있는 죽음을 맞이해야 한다고 했다.

　죽음에 대해서 그는 '돌아가신다'라는 말을 의미 있게 해석한다. 나온 곳으로 돌아간다면 결국 죽음의 장소는 탄생의 그곳, 생명의 출발점이란 것이다. 나는 날마다 해가 뜨고 지는 것을 생각해 본다. 해는 동녘 하늘에서 어김없이 떠올라 낮시간을 보낸 뒤 서녘 하늘로 돌아가고 다시 영원한 반복을 거듭한다. 천상병 시인의 '귀천'이란 시에서 인생을 하늘나라에서 소풍 나온 것으로 비유해 '나 하늘로 돌아가리라'하고 읊었다. 빛이 어둠을 배경으로 더욱 환해지듯 우리가 진짜 살고자 한다면 죽음을 다시 우리 곁으로 불러와야 한다고 이어령은 말한다. 죽음의 흔적을 없애면 생명의 감각도 희미해진다는 것이다. 나는 지인의 장례식장에 가서 입관하기 전에 고인을 침대 위에 눕혀 놓고 기도하는 시간에 참여했다. 수의를 입고 단장한 채 미동도 않고 누워 있는 고인이 얼마 전까지도 만나서 식사를 함께하고 정담을 나누던 그 분이라는 사실이 믿기지 않았다. 어쩌면 죽음은 그림자처럼 우리를 따라다니고 있는 존재인 듯하다.

　언어의 마술사인 그는 신조어를 만들어내는 일에 천재성을 발휘하는 듯하다. 가장 인상적인 것이 '디지로그'란 용어다. 디지털과 아날로그를 합성하여 만든 개념이다. 그가 쓴 책인 '축소지향의 일본인'에서 일본인은 지하철도 전자제품도 뭐든지 작게작게 만들어내는 문화라는 설명도 감탄을 자아내게 했다. 어휘력에서도 톡톡 튀는 말이 얼마나 그럴듯한지 모르겠다. 신학이란 단어에서 'ㄴ'를 빼면 시학이라 했고 영어 'GOD'도 거꾸로 읽으면 'DOG'라고 했다. 글쓰기에서 영성으로 쓴 것은 감동을 주지만 사방의 지식으로 쓴 글은 감동이 없다고 했다. 아이들의 영성은 배운 학식에서 오는 게 아니라 그냥 직관으로 말하는 것처럼 신들리듯이 쓴 글에 영성의 빛이 있다고 한다. 그는 글쓰기에서 '내 글이란 없다'라고 단언한다. 모든 텍스트는 다 빌린 텍스트로 기존의 텍스트에 반대하거나 동조해서 덧붙여진 것뿐이며 상호성 안에서만 존재한다고 한다.

이어령 교수는 사랑하는 딸과 손주를 먼저 보내고 얼마나 가슴 아픈 시간을 견뎌내야 했을까 싶다. 미국에서 법조인으로 일하던 딸이 신학을 공부하고 목사(이민아)가 돼 아버지를 교회에서 세례받게 하고 지성에서 영성으로 이끌어냈다. 그는 지성은 자기가 한 것이지만 영성은 오로지 신으로부터 받는다는 깨달음으로 지성의 종착역은 결국 영성임을 고백한다. 예수는 이 땅에 빵이 아니라 영혼을 구하러 왔으며 문자로 된 율법이 아니라 오직 말씀만이 생명을 낳는다고 한다. 목자이신 예수는 신과 인간의 멀어진 사이를 화해시킨 존재, 죄와 벌의 길목에서 어리석은 인과율을 끊어버린 존재, 그리하여 신이 보낸 인류 최고의 생명 자본이라고 한다. 죽음을 앞두고 한없이 겸손해진 모습의 그는 '나는 용서 받을 사람이지 용서해 줄 사람이 아니다'라고 얘기한다. 인간은 살아 있는 자체가 죄짓는 일이라고 한다.

나도 기독교인이지만 이어령 박사의 성경해석은 새로운 의미를 깨닫게 한다. 예수님이 한 마리의 길 잃은 양을 찾기 위해 아흔아홉 마리의 양 무리를 두고 떠난다는 구절에서 생명의 소중함은 누구에게나 똑같다는 의미였다. 길 잃은 한 마리 양은 목자의 뒤를 졸졸 따라다니며 안전하게 풀을 뜯고 사는 걸 원하지 않고 스스로 뛰쳐나가 새로운 세계를 만나고 싶은 집 나간 탕자와 같은 용기있는 존재라고 했다. 99마리 양들과 달리 길잃은 한 마리 양은 진짜 자기의 삶을 추구했다. 그는 호기심이 많은 탓에 6살 때부터 질문을 품고 살았고 타인과는 항상 껄끄럽고 소외당하고 외로웠다고 한다. 남과 다르게 산다는 것은 외로운 것을 의미했다. 그런 자발적 유폐 속에 시가 나오고 창조가 나오고 정의가 나온다고 역설한다.

이어령은 럭셔리한 삶이란 소유가 아니라 얼마나 스토리텔링을 갖고 있느냐의 여부라고 한다. 똑같은 시간을 살아도 이야깃거리가 없는 사람은 산 게 아니라고 한다. 예를 들어 세일해서 싸게 산 다이어몬드와 첫 아이 낳았을 때 남편이 선물해 준 루비 반지 중 어느 것이 더 럭셔리한 것인가 묻는다. 수척해진 모습의 그는 마지막 들려 주는 죽음에 대한 상념을 나직하게 풀어 놓는다.

'내가 느끼는 죽음은 마른 대지를 적시는 소낙비나 조용히 떨어지는 단풍잎이에요. 때가 되었구나. 겨울이 오고 있구나. 죽음이 계절처럼 오고 있구나. 그러니 내가 받았던 빛나는 선물을 나는 돌려주려고 해요. 침대에서 깨어 눈 맞추던 식구, 정원에 울던 새, 어김없이 피던 꽃들... 원래 내것이 아니었으니 돌려보내요.'

겨울의 잿빛 풍경이 어느새 눈부신 봄꽃들로 환하게 조명등을 켜고 있다. 계절의 주기가 다시 시작되고 생명의 부활이 펼쳐진다. 마지막 순간까지 깨어 있던 등대 같은 지성은 의미 있는 인생이 잘 사는 길이며 잘 죽는 길임을 다시 한번 그의 마지막 수업을 통하여 깨닫게 한다.

삶의 완성

나그네 같은 인생이 노년에 접어드니 더욱 그 말이 실감난다. 어느 누구도 예외가 없는 한 곳, 죽음이 기다린다. 눈만 뜨면 사건사고, 범죄나 교통사고, 화재나 자연재해 같은 사망 소식도 끊이질 않는다. 주변에서 옛 직장동료나 학교 동창, 가까운 피붙이가 장례식장을 향한다. 어느 정도 평균수명을 누리고 자연사하는 사람은 그래도 행복한 마지막일 수 있다. 숨을 거두기까지 어떤 죽음의 모습으로 삶을 완성할 것인지 뒤돌아보게 한다. 세르반테스는 '죽는 그 순간까지 온전히 삶이다'라고 했다.

폴 칼라니티(1977년-2015년)는 유능한 의사로서 그의 '바람이 숨결 될 때'라는 자서전에서 감동적인 죽음을 보여 준다. 그는 말기 암으로 죽어 가기 직전까지 오로지 살아 있는 동안의 삶의 순간을 완성해 냈다. 동료 의사인 아내와의 사이에 시험관 아기로 딸을 얻고 컴퓨터 앞에서 유서 같은 생애 마지막을 정리했다. 그의 소망은 딸이 자신의 얼굴을 기억할 정도까지만이라도 살 수 있기를 바랬다. 그는 불치병에 걸렸어도 온전히 살아 있고자 했다. 육체적으로 무너지고 있음에도 활기차고 솔직하고 희망에 가득 차 있었다. 그가 희망한 것은 가능성 없는 완치가 아니라 목적과 의미로 가득한 날들이었다. 그는 글을 쓰면서 희망을 품을 수 있었고 그 덕분인지 마치 섬세한 연금술이라도 부리는 것처럼 마지막까지 유려하게 글을 써내려갔다. 그러한 그의 저력은 성장 과정에서 다양한 독서를 했고 문학에 대한 열정이 있었기 때문이었다. 자신의 투병 생활과 삶의 여정을 한 권의 책에 담으려고 혼신의 힘을 쏟았다. 꺼져가는 생명의 촛불을 움켜잡고 컴퓨터 자판을 두들겼다. 그의 아내는 미완성으로 끝낸 책을 자신의 글로 보완하여 출판함으로 진정한 부부애를 보여 주었다. 그는 삶의 마지막 순간에 그가 어떤 사람인가를 증명했고 자신의 인생 자체가 어떠했는지 죽음과 정면으로 마주하며 깔끔한 마무리를 했다.

  병상에 누워 있는 형님을 자주 찾아뵙는다. 간암이 발병하여 10여 년 고생하시다가 이제 막바지에 이르러 입원하여 생의 도착점을 조용히 기다리는 중이다. 형님의 표현을 빌리자면 이승을 떠나 '새로운 세상'으로 건너간다고 하신다. 새로운 세상의 이미지는 기독교의 핵심 교리인 천국이 될 것이고 그곳은 빛과 사랑이 넘치며 아픔이 없는 세상이다. 여기보다 더 좋은 곳으로 가니 슬프거나 불안하지 않고 그동안 80년 동안 잘 살았으니 이만큼에서 충분하다고 말씀하신다. 간이 남김없이 망가지고 몸 구석구석으로 전이된 암세포가 마지막 폐를 공격하기 때문에 가슴에 물이 차고 숨이 가쁜 것 외에 아직 혼수상태까지 이르지 않았다. 고향 친구 한 분이 최근에 암으로 세상을 떠나고 뒤따라가는 듯 죽음까지 동행하는 형님이 진정한 우정을 나누는 사이인지 부럽기도 하다. 친구분의 병문안은 한 번도 가지 못했다. 이미 산소호흡기를 쓰고 면회가 어려운 중환자실에 계시기 때문이었다. 친구는 지나치게 병원을 의존하여 항암제와 방사선 치료를 수시로 받느라 고생이 많았다. 반면에 형님은 그런 치료를 안 받아서 그런지 병상에서 비교적 자유스러워 가족이나 형제자매와 마지막 여유 시간을 많이 보낼 수 있었다.

일본의 어느 의사가 쓴 책에 '병원과 의사를 멀리하라'고 했지만 어느 누가 심한 고통에 처하면 병원 신세 지는 걸 거부할 수 있을까. 본인보다도 옆에 있는 배우자나 가족이 더 성화를 부리게 될 것이다. 형님은 이미 회복에 대한 희망은 접고 오로지 편안하게 눈을 감는 일이었다. 결국 말기 암 환자를 돌보는 호스피스 병동을 찾아 고향 쪽으로 떠났다. 아직 의식만은 명료한 상태에서 환자는 무슨 일을 할 수 있을까. 폴 칼라니티의 마지막 5분까지의 삶도 의미 있게 살아내고자 하는 눈물겨운 노력에 다시 한번 경의를 표한다. 건강할 때 그리 살았더라면 좋았겠지만 대부분 시간이 얼마 남잖은 순간에서 후회할 뿐이다.

형님 곁에서 여러 날 동안 간호에 수고하시는 고령의 형수님를 보고 있으면 안타깝다. 자식들은 모두 직장을 비우지 못하고 잠깐 얼굴만 내밀고 사라진다. 둘 중 한 명이 아프면 끝까지 곁을 지키고 정성을 다하는 사람은 오로지 부부인 듯 하다. 함께 사느라고 미운 정 고운 정 다 들었기에 배우자를 떠나보내는 마당에 무슨 원망이 있을까 싶다. 그동안 더 잘해 주지 못한 게 미안할 따름일 것이다. 형수님이 남편에게 젊었을 때 내게 잘하지 못하고 이제 와서 할 말이 있느냐고 묻는다. 형님의 대답이 걸작이다. 젊어선 눈이 작아 당신이 잘 보이지 않더니 늙어 보니 비로소 당신이 크게 보이더란다. 형수님은 웃으면서 자신에 대한 형님의 불만이 여자로서 부드럽고 상냥한 구석이 없이 선머슴아 같은 퉁명스러움이라 했으니 하늘나라에 가면 그런 부드러운 여자 만나서 잘 살라고 했단다. 남자들이란 대부분 같은 마음이 아닐까 싶어 나도 속으로 피식 웃음이 새 나왔다.

어느 유품 정리사가 지금까지 2000명이나 되는 망자의 삶을 정리하며 내 삶이 바뀌었다라는 신문 기사를 읽었다. 그는 죽을 때 가져갈 수 있는 건 추억뿐이라고 했다. 그 이후로 나는 아등바등 살지 않게 됐고 흥청망청 지냈던 관계들을 끊었다. 그러자 여유가 많아졌다. 죽음의 현장 경험을 통한 그의 진솔한 고백에 절로 고개가 끄덕여진다.

사람의 목숨은 의외로 질긴 것 같다. 병고를 오래 겪으니 차라리 하루라도 빨리 저 세상에 가고 싶지만 뜻대로 되지 않는다. 오죽하면 여유 있는 사람은 의사의 조력자살이 합법화된 스위스까지 날아 가서 편안한 죽음을 맞이하려 할까 싶다. 나는 싸늘한 병원 침대가 아니고 내 집에서 가족들과 인사를 나누며 평안하게 떠날 수 있게 해 달라고 평소에 기도하고 있다. 찬송가도 좋겠지만 내가 좋아하는 베토벤의 피아노곡 '엘리제를 위하여'가 은은히 울려 퍼지는 가운데 그동안 하나님의 은혜로 잘 살았노라고 미소 지으며 눈을 감을 수 있다면 더욱 좋겠다.